Daniel Kehlmann / Sebastian Kleinschmidt

Requiem für einen Hund

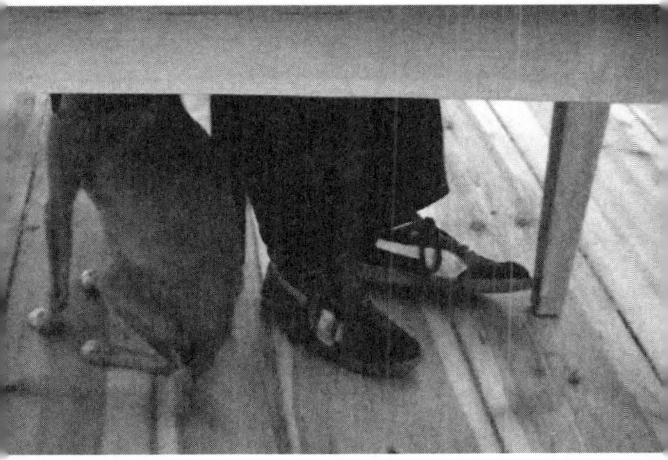

Daniel Kehlmann /
Sebastian Kleinschmidt

REQUIEM FÜR EINEN HUND

Ein Gespräch

Matthes & Seitz Berlin

Inhalt

Tiere / 9

Götter / 26

Genies / 31

Zählen und Erzählen / 38

Humor / 44

Fiktion und Geschichte / 66

Der Tod / 80

Schauspieler und Theater / 89

Kindheit / 100

Studium / 113

Von der Arbeit des Schriftstellers / 117

Ruhm / 124

E-Mail, 9.3.08

Lieber Herr Kleinschmidt,

nachdem er die ganze Zeit so aufmerksam bei uns saß, muß ich Ihnen jetzt eine traurige Neuigkeit mitteilen. Nuschki ist tot. Daß er nicht gesund war, wußten wir ja schon lange, aber die Lage verschlechterte sich vor einigen Tagen dramatisch. Er brach plötzlich zusammen, dann wurde ein schon weit fortgeschrittener Lebertumor diagnostiziert. Die Prognose war sehr schlecht, eine Operation nicht erfolgversprechend, und daher haben wir dann, auf Rat aller Ärzte, der Euthanasie zugestimmt. Ich war bei ihm, als er einschlief, als sein Herz zu schlagen aufhörte. Sie haben ja erlebt, was für ein außergewöhnlicher Hund er war, und Sie können sich vorstellen, wie es einem nahegeht, ihn nach so vielen Jahren Freundschaft verloren zu haben.

Ganz herzliche Grüße
Ihres Daniel Kehlmann

E-Mail, 18.3.08

Lieber Herr Kehlmann,

ja, das ist wahrlich eine traurige Nachricht. So sind wir beide in den Tagen unseres Gesprächs in Berlin für ihn vielleicht die letzte Begegnung mit einer Art Rudel gewesen. Sprechende Hunde sozusagen, er wird sich gewundert haben. Wie es im Himmelreich mit den Tieren bestellt ist, weiß ja keiner. Immerhin müssen sie nicht vorm Jüngsten Gericht erscheinen.

Ich grüße Sie herzlich
Ihr Sebastian Kleinschmidt

Tiere

Sebastian Kleinschmidt / Beginnen wir mit den Hunden, den bewegungsfreudigsten Tieren. Sie bevölkern ja geradezu Ihre Bücher. Thorsten Ahrend, Ihr früherer Lektor bei Suhrkamp, bemängelte, es gäbe zu viele Hunde bei Ihnen. Das würde ich nie bemängeln. Ich freue mich über jedes Tier, das durch Ihre Texte hüpft, springt, klettert, schleicht, schwimmt, kriecht oder fliegt. Was findet man in der »Vermessung der Welt« nicht alles: polyglotte Papageien, Seeungeheuer, Krokodile, Vögel aller Art, elektrische Aale, Piranhas, Moskitos, einen Jaguar, Flöhe, Kopfläuse, Affen, Schlangen, Spinnen und natürlich Humboldts Hund, der besonders anrührend geschildert ist. Was macht die Welt der Tiere für einen Romanautor so anziehend? Und was hat das alles zu tun mit Ihrem Markenzeichen, der Ironie, dem Humor? Das Tier kann bekanntlich nicht lachen. Und doch ist die stumme Tierwelt so etwas wie eine ständige Ironisierung der Menschenwelt. Sie stehen da und sehen uns an, und wir stehen da und sehen sie an. Irgend etwas geht vor zwischen uns. Es wird doch mehr als nur das Bestaunen unseres wechselseitigen Schauwertes sein?

Daniel Kehlmann / Viel mehr. Man kommt bei dem Thema nicht um den Begriff der Entfremdung herum. Wir fühlen uns ständig im falschen Leben eingesperrt, uneins mit uns selbst. Das Tier kennt diese Selbstentfremdung nicht. Deswegen sind Tiere auch immer graziös. Grazie heißt, in der Bewegung eins mit sich sein. In ihrer Gegenwart fühlen wir uns lächerlich, ungeschickt, hölzern.

sk / Grazie ist das eine. Hinzu kommt das Aussehen, die Kleidung. Tiere sind im allgemeinen auch besser angezogen als wir. Man staunt immer wieder, es gibt keinerlei Geschmacklosigkeit in der Natur, oder nur in den seltensten Fällen. Ganz im Gegensatz zur Menschenwelt. Mit der aber hat es der Romanautor zu tun.

dk / Romanschreiben ist das Ergründen der Widersprüchlichkeit des Menschen, also seines entfremdeten Daseins.

sk / Sind Tiere nicht ein unentbehrlicher Spiegel, um das zu erkennen?

dk / Vielleicht nicht unentbehrlich, aber sicher hilfreich. Und sie sind ja nicht nur putzig. Denken Sie an Insekten – das hat mit Idylle nichts mehr zu tun.

sk / Die sind recht zahlreich in der »Vermessung der Welt«. Gauß sagt mit Bezug auf Humboldts Bericht über die Moskitos am Orinoko, auf jeden Menschen kommen eine Million Insekten.

dk / Insekten stehen für die eben nicht liebenswürdige, nicht nette, nicht hübsche Seite der Natur. Insekten sind kriegerisch, sie werden länger auf der Erde existieren als der Mensch. Daß die Natur eben nicht gutwillig ist, sondern fremd, unheimlich, unwirtlich und bedrohlich, das hat Humboldt immer wieder erschreckt. Eine Natur, die sich nicht darum schert, wie es uns geht, die keine milde, gütige Natur ist, sondern eine fressende und tötende. Die nichtgoethesche Natur. Die goethesche, das ist die »heilsam schaffende Gewalt«, wie es im »Faust« heißt. Aber jene Gewalt, der das einzelne Menschenleben vollkommen gleichgültig ist, ist nicht eben heilsam. Das übersehen wir gern, da wir ja alle von der Romantik geprägt sind.

sk / Es ist gar nicht zum Schaden der Humanität, daß ein großer Teil des uns umgebenden Seins nicht von Maßstäben der Gesittung beherrscht ist. Da geht einem erst so richtig auf, wie kostbar und wie fragil die eigene Welt ist.

dk / Und ebenso, warum Zivilisation und Humanität immer auch gegen die Natur stehen. Ich finde es amüsant, daß die Österreicher sich zuerst sehr und dann nicht mehr freuten, als sie plötzlich wieder Bären im Land hatten. Die waren aus dem Osten gekommen, nachdem der Eiserne Vorhang hochgegangen war. Und relativ schnell wurde den Leuten in den betroffenen Gegenden klar, daß sie Bären, die abstrakt gesehen sehr nett sind, in der Praxis doch lieber nicht begegnen wollten.

sk / Ein Bärenblick ist schließlich kein Hundeblick. Mit wilden Tieren ist nicht zu spaßen.

dk / Ich habe einmal Löwen gesehen in freier Wildbahn. Deren Blick geht einem durch Mark und Bein. Der ist wirklich ganz anders als bei Löwen im Zoo. Wenn man mit dem Jeep in unmittelbare Nähe eines Löwen kommt, der eine Beute verzehrt, und der Löwe hebt den Kopf und sieht einen an – da ist nichts als Fremdheit und Feindschaft. Ich habe den Fahrer gefragt, was passieren würde, wenn ich jetzt aussteige. Er sagte nur: »Big problem!«

sk / Wie weit waren Sie entfernt?

dk / Zwei Meter vielleicht. Drei Löwen lagen um ein gerissenes Warzenschwein. Sie wuschen förmlich ihr Gesicht in seinem Blut.

sk / Das erinnert mich an das Buch »Schiffbruch mit Tiger« des kanadischen Schriftstellers Yann Martell. Es handelt vom Umzug eines Zoologischen Gartens per Schiff von Japan nach Europa. An Bord alles, was man sich nur vorstellen kann, Tiger, Löwen, Hyänen, Raubvögel, Mäuse, Elefanten usw. Und dann geht der schwimmende Zoo plötzlich unter. Fast alle ertrinken, bis auf den Sohn des Zoobesitzers, ein verletztes Zebra, einen Orang-Utan, eine Tüpfelhyäne und einen bengalischen Tiger. Die fünf schaffen es in ein Rettungsboot. Was dann passiert, erzählt der Roman. Es ist unglaublich.
Weil wir an dem Punkt wilde Tiere, gezähmte Tiere sind, will ich eine Stelle aus dem Buch zitieren. Es geht um das Klischee, daß die Leute immer denken, Tiere in freier Wildbahn seien glücklich:

Die Leute haben dabei meist ein großes, gutaussehendes Raubtier vor Augen, einen Löwen oder Geparden (das Leben eines Gnus oder Erdferkels ist weniger spektakulär). Sie stellen sich das wilde Tier vor, wie es nach dem Verzehr seines Opfers, das sich in sein Schicksal ergeben hat, einen Verdauungsspaziergang durch die Savanne macht, um nach dem viel zu reichlichen Essen kein Fett anzusetzen. Sie stellen sich vor, wie dieses Tier stolz und zärtlich für seinen Nachwuchs sorgt, wie die ganze Familie gemeinsam auf einem Baum sitzt, den Sonnenuntergang bewundert und zufrieden seufzt. Das

Leben der wilden Tiere, glauben sie, ist einfach, edel und sinnerfüllt. Dann wird ein solches Tier von den bösen Menschen gefangen und in eine winzige Gefängniszelle gesperrt. Mit seinem ›Glück‹ ist es vorbei. Es lechzt nach ›Freiheit‹ und denkt nur noch daran, wie es entkommen kann. Verwehrt man ihm diese ›Freiheit‹ zu lange, wird es zum Schatten seiner selbst, wird sein Willen gebrochen. So etwas glauben die Leute. Aber es ist nicht wahr.

dk / Großartig. Ja, die meisten Menschen haben keine Vorstellung, wie es zugeht in freier Wildbahn. Es gibt übrigens bei Humboldt – dem echten, nicht meiner Romanfigur – sehr gute Schilderungen wildlebender Tiere, ich denke an die Stelle über den Lärm im nächtlichen Dschungel in den »Ansichten der Natur«, wo er klar ausspricht, daß der Naturzustand ein ständiger Kampf um Leben und Tod ist.

sk / Das meine ich, wenn ich sage, daß der Blick ins Tierreich eine Konkretisierung des Begriffs Menschenwelt ermöglicht, e contrario natürlich, aber nicht nur. Die Vielfalt von Tierarten veranschaulicht eine Vielfalt von Weltzugängen. Die einen folgen optischen Spuren, die anderen chemischen, die dritten akustischen. Im Vergleich zu den Tieren ist der Mensch fast ein Wahrnehmungskrüppel. An den Weltverhältnissen der Tiere kann man studieren, wie viele Weltverhältnisse es überhaupt gibt und geben kann. Ein Romanautor ist also gut beraten, wenn er eine solche Doppelperspektive einnimmt. Und Sie haben ja auch Ihre Freude daran, die Welt so zu sehen. Und ich als Leser freue mich mit. Und Ihr Hund unterm Tisch auch.

dk / Mit dem Weltverhältnis des Hundes hat es etwas Besonderes auf sich. Der Hund ist das einzige Tier, das evolutionär auf den Menschen gesetzt hat. Er hat sozusagen auf ihn gewettet. Er wurde sehr früh sein Freund, und die beiden Spezies gingen den Weg gemeinsam. Das ist höchst faszinierend auch im Kontrast zu anderen Haus- und Nutztieren, zu Katzen, Pferden, Schweinen und Vögeln. Übrigens heißt das nicht, daß der Hund das klügste Tier ist. Manche Vögel sind viel intelligenter.

sk / Ich könnte mit dem Hegel-Schüler Friedrich Theodor Vischer entgegnen: Es gibt nichts Dümmeres im Tierreich als Vögel.

dk / Das ist ungerecht. Da kennt er keine Papageien. Papageien sind viel klüger als Hunde, nur sind sie nicht so auf den Menschen eingestellt. Vor Jahren hatten wir ein kleines australisches Zwergpapageienmädchen namens Lara. Die war unglaublich intelligent. Man ließ sie aus dem Käfig, sie flog ein paar Runden im Zimmer und knallte dann gegen die Fensterscheibe, wie das Vögeln immer wieder geschieht. Aber ihr passierte das nur einmal. Sie hatte sofort verstanden, was ein Glasfenster ist. Lara war sehr zutraulich. Wenn sie einem auf der Schulter saß und einen ansah, war man bezaubert. Sie ist leider gestorben. Sie hätte noch dreißig Jahre Leben vor sich gehabt. Papageien leben ja dreimal so lange wie Hunde. Ein Moment ist mir ganz unvergeßlich: Lara hatte den Kopf zwischen die Stäbe des Käfigs gezwängt, und plötzlich steckte er fest. Sie fing an, panisch zu flattern. Es war sehr gefährlich, der Hals war eingeklemmt, sie hätte sich das Genick brechen können. Es war schrecklich, weil ich nicht wußte, was ich machen sollte. Also habe ich Lara von hinten gefaßt und einfach nur gehalten. Normalerweise mögen solche Vögel nicht angefaßt werden. Sie geriet in höchste Panik. Und dann merkte ich, wie sie zögerte und überlegte und auf einmal zu flattern aufhörte und ruhig in meiner Hand lag und wartete. Sie hatte verstanden: Alleine schafft sie es nicht, und der einzige, der sie da jetzt rausbringen kann, bin ich. Das ist schon hohe Intelligenz. Dieses Vertrauen, das eben nicht wie beim Hund aus der Gewohnheit kommt, sondern aus dem Begreifen der Situation. Dieser Moment, als der Vogel aufhörte zu flattern und einfach wartete, angespannt aber ruhig, daß ich ihn befreie – das vergesse ich nie.

sk / In Ihrem Buch gibt es eine wunderbare Stelle über Papageien, Papageien, die ausgestorbene Dialekte sprechen.

dk / Das ist nicht erfunden. Die phantastischsten Dinge im Buch sind alle nicht erfunden. Das war der Aturenpapagei. Er konnte einige Worte in der Sprache eines ausgestorbenen Indianervolkes sagen. Niemand wußte mehr, was sie bedeuteten. Es gibt eine Ballade von Ernst Curtius über ihn.

In der Orinoco-Wildnis / Sitzt ein alter Papagei, / Kalt und starr, als ob sein Bildnis / Aus dem Stein gehauen sei. // Unten, wo die Wogen branden, / Hält ein Volk die ew'ge Ruh; / Fortgedrängt aus seinen Landen, / Floh es diesen Klippen zu. // Und es starben die Aturen, / Wie sie lebten, frei und kühn; / Ihres Stammes letzte Spuren / Birgt des Unterschilfes Grün. // Der Aturen allerletzter, / Trauert dort der Papagei; / Am Gestein den Schnabel wetzt er, / Durch die Lüfte tönt sein Schrei. // Ach die Knaben, die ihn lehrten / Ihrer Muttersprache Laut, / Und die Frauen, die ihn nährten, / Die ihm selbst das Nest gebaut: // Alle liegen sie erschlagen / Auf dem Ufer hingestreckt, / Und mit seinen bangen Klagen / Hat er keinen aufgeweckt. // Einsam ruft er, unverstanden, / In die fremde Welt hinein; / Nur die Wasser hört er branden, / Keine Seele achtet sein. // Und der Wilde, der ihn schaute, / Rudert schnell am Riff vorbei: / Niemand sah, dem es nicht graute, / Den Aturenpapagei.

sk / Erstaunlich, und sehr schön. Aber auch unheimlich. Zu meinen Phantasien von einem angenehmen Alter gehört seit langem die Vorstellung: Einen Hund müßte man sich zulegen, und wenn keinen Hund, dann einen Papageien. Nicht daß ich viele Erlebnisse mit Papageien gehabt hätte. An eines aber kann ich mich erinnern, es war in Wustrow an der Ostsee. Ich ging in eine Kneipe, die ein Mann führte, der mal zur See gefahren war. Ich setzte mich in den Gartentrakt und wartete auf den Kellner, und plötzlich hörte ich aus dem Gebüsch schreien: »Ein Bier, ein Bier«. Das war ein Papagei.
Ich dachte immer, Papageien hätten nur mimetische Intelligenz. Doch der Unterschied zum Hund bleibt. Hunde verstehen, wie uns zumute ist, Papageien nicht. Andererseits verstand der Papagei von Wustrow durchaus, wonach mir war, nach Bier.

dk / Der Hund ist eingestellt auf die Analyse des Menschen. Der Papagei könnte uns noch viel besser verstehen, aber wir interessieren ihn nicht. Er hat anderes im Kopf, der Hund nur uns. Der Hund löst Probleme, indem er darauf achtet, was wir machen.

sk/Können wir auch Probleme lösen, indem wir schauen, was das Tier macht?

dk/Es gibt einen sehr schönen Roman darüber, Saul Bellows »Regenkönig«. Er spielt mit der Idee, daß der Mensch einem Tier, in dessen Nähe er sich für längere Zeit begibt, ähnlich wird. Ein amerikanischer Millionär, Schweinezüchter, fett, schwerfällig, aber von unbestimmter Sehnsucht erfüllt, reist nach Afrika und bekommt von einem Stammeskönig eine Therapie, die darin besteht, daß er jeden Tag mehrere Stunden bei einem Löwen verbringen muß. Statt Schweinen also nun ein Löwe, und dadurch wird er ein anderer. Ein wunderbares Buch. Sich mit Tieren zu umgeben kann sicher heilsame Effekte haben. Es ist nicht leicht zu erklären, woher eigentlich unsere Freude an Tieren rührt. Warum es einen so glücklich machen kann, eine Katze oder einen Wellensittich zu haben. Ein Haustier ist doch vor allem, wie Tierfeinde nicht müde werden zu erklären, ein schmutziges, Mühe machendes, lautes und im Vergleich zu uns reichlich dummes Wesen, das einem ziemlich oft auf die Nerven geht. Aber es ist nicht die ganze Wahrheit. Es hat doch etwas seltsam Erfüllendes, mit einem Tier zu leben.

sk/Es ist etwas Seelisches, andererseits aber auch etwas rein Physisches. Das Schwanzwedeln des Hundes zum Beispiel: Selbst wenn man sich mit Händen und Füßen dagegen sperrt, die Freude überträgt sich. Ein Resonanzphänomen. Freude zeugt Freude.

dk / Resonanzphänomen, ja, und es ist so stark, weil das Tier eins mit sich ist. Wenn der Hund sich freut, freut er sich ganz. Dadurch ist es so ansteckend.

sk / Wie sollte ein Mensch je daran zweifeln, die Krone der Schöpfung zu sein, da es ihm sein Hund doch unaufhörlich bezeugt. Ich habe kürzlich in einem Roman gelesen: »Der Hund ist menschensüchtig«. Das trifft es. Und weil der Hund menschensüchtig ist, ist der Mensch hundesüchtig.

dk / Es hat etwas Rührendes, all die Obdachlosen zu sehen, die einen Hund bei sich haben und von ihm mit solcher Verehrung angesehen werden. Jeder von diesen Hunden glaubt aus tiefster Seele, daß sein Besitzer der wichtigste Mensch der Welt ist. Daher werfen Katzenfreunde den Hundebesitzern immer vor, sie wären bloß süchtig nach Gehorsam und Unterordnung. Mag ja sein, aber von der Seite der Hunde ist diese Unverbrüchlichkeit der Verehrung beeindruckend.

sk / Das finde ich auch. Oft ist ein solcher Hund der letzte, der zu ihnen hält. Schopenhauer sagt: »Wenn es keine Hunde gäbe, wollte ich nicht leben.«

dk / Katzen denken nicht im Traum daran, den Menschen zu verehren. Verständlicherweise erscheinen sie dadurch klüger.

sk / Sie täuschen die Klugheit vor.

dk / Hund und Mensch sind einen langen Weg gemeinsam gegangen. Unsere Zivilisation beruht auf der Unterstützung von Hunden als Hütern und Jagdhelfern, und deswegen verbietet uns das moralische Empfinden, Hunde zu essen. Wir haben mit Recht das Gefühl, wenn wir es täten, würden wir ein Tabu verletzen.

sk / Es ist, als würde man den Gefährten verspeisen. Gab es Hunde bei Ihnen zu Hause?

dk / Nein. Ich hatte als Kind eine Felltierallergie, die erst vor kurzem verschwunden ist. Ich war in der paradoxen Situation, daß ich Eltern hatte, die unbedingt einen Hund wollten, sich das wegen mir aber versagen mußten. Ich bin froh, daß die Allergie überstanden ist. Sie verschwindet durch Konfrontation. Je mehr ich mit Tieren zu tun hatte, desto weniger allergisch war ich. Sonst könnte ja Nuschki nicht bei mir wohnen.

sk / Kommen wir noch mal auf Humboldt zu sprechen. In Ihrem Vorwort zu Darwins »Fahrt der Beagle« erwähnen Sie, daß Humboldt meinte, die größte Beleidigung des Menschen sei die Behauptung, er stamme vom Affen ab. Auch in Goethes »Wahlverwandtschaften« ist von Affen die Rede, und zwar von dem Entsetzen, das die Betrachtung von Affenbildern auslöst. In Ottilies Tagebuch heißt es: »Wie man es nur über das Herz bringen kann, die garstigen Affen so sorgfältig abzubilden. Man erniedrigt sich schon, wenn man sie nur als Tiere betrachtet; man wird aber wirklich bösartiger, wenn man dem Reize folgt, bekannte Menschen unter dieser Maske aufzusuchen.«

dk / Sie sieht etwas Richtiges. Wir glätten durch unsere romantisierende, inzwischen ja immer auch schon von Zeichentrickfilmen geprägte Sichtweise die Natur zum Hübschen und Netten hin. Natürlich ist es schockierend, einen Affen zu betrachten, wie er ist. Schockierend wegen der physiognomischen Nähe zu uns. Und es ist tatsächlich die größte Beleidigung des Menschen, zu behaupten, er stamme vom Affen ab. Nur – es ist wahr.

sk / Bei unserer Sympathie für Tiere kommt es offenbar auf das Mittlere an. Als Haustier kommen nicht alle Arten in Frage. Einerseits wegen des Schreckens der Nähe – das wäre der Menschenaffe, andererseits wegen des Schreckens der Ferne – das wäre die Gottesanbeterin.

dk / Richtig, aber das ist nicht der einzige Grund, warum wir Affen nicht als Haustiere halten. Affen haben evolutionär nicht auf den Menschen gesetzt. Der Affe als nächster Verwandter würde den Menschen natürlich viel besser als ein Hund verstehen, aber er versucht es nicht. Ein friedliches Zusammenleben mit einem Affen wäre sehr schwierig. Darwins verstörend neue Sichtweise bestand darin, den Unterschied zwischen Mensch und Tier als bloß graduellen wahrzunehmen, als eine quantitative, nicht qualitative Größe. Bis heute betrachten wir dieses Verhältnis gerne so, als läge zwischen dem klügsten Tier und dem dümmsten Menschen eine Unendlichkeit. Das ist nicht so. Das spanische Parlament hat gerade die Rechte von Primaten kodifiziert und sie juristisch in die Mitte zwischen Tier und Mensch gerückt. Wie nah sich Tier und Mensch tatsächlich sind, wird immer noch nicht genügend diskutiert. Und solange die Menschheit stillschweigend Tausende von Tötungslagern für Tiere betreibt, kann dieses Thema auch nicht frei besprochen werden. Wir sind zu sehr damit beschäftigt, den blutigen Massenmord zu verdrängen, der jeden Tag vor sich geht. Und ich sage das als Mittäter, ich bin kein Vegetarier.

sk / Schopenhauer ist einer der wenigen Philosophen, die ein Gefühl dafür hatten. Er sagt: »Man vergleiche die Empfindung des Tieres, welches ein anderes frißt, mit der dieses andern.«

dk / Er sagt auch: »Die Tiere leben in der Hölle, und die Menschen sind ihre Teufel.« Dem ist in bezug auf unsere Schlachtindustrie nichts hinzuzufügen. Das Thema wird verdrängt, weil wir alle ständig Tiere essen. Allein schon die Kluft, die wir zwischen Haustieren und Nutztieren konstruieren, ist hochproblematisch.

sk / Sie meinen, es ist Willkür.

dk / Reine Willkür. Natürlich, der Hund steht uns traditionell näher als das Rind. Aber trotzdem ist es Willkür, daß man mit dem Hündchen kuschelnd ins Bett geht, und dem Kälbchen den Hals durchschneidet. Man weigert sich, über gewisse Dinge nachzudenken, so wie man sich Jahrhunderte lang geweigert hat, über die Sklaverei nachzudenken. Ich sehe da viele Parallelen.

sk / Vielleicht haben Sie recht. Nur daß in der Bibel, dem Grundtext der abendländischen Gesittung, uns Menschen ausdrücklich erlaubt wird, Tiere zu essen. Und die Sklaverei wird gar nicht erwähnt.

dk / Es ist verstörend, daß Jesus von Nazareth nichts zur Sklaverei zu sagen hat. Natürlich, man kann ihn sich schwer als Befürworter vorstellen. Dennoch bleibt es ein merkwürdiger Umstand, daß im Neuen Testament kein Wort über die Sklaverei fällt. Vielleicht das unheilvollste Schweigen der Menschheitsgeschichte.

Götter

sk / Da wir bei der Bibel sind: Wenn wir sagen, daß die Selbstbetrachtung des Menschen im Spiegel der Tiere, das heißt im Spiegel der Wesen unter ihm, in gewisser Weise notwendig ist, dann liegt doch der Gedanke nahe, daß es ebenso notwendig ist, daß er sich auch im Spiegel des Wesens über ihm betrachtet.

dk / Das Wesen über ihm ist aber nicht als sichtbares Gegenüber gegeben. Dennoch stellt sich der hypothetische Gedanke eines höheren Wesens ein, sobald man mit einem Tier zu tun hat, und zwar einfach dadurch, daß einem klar wird, wie viel es gibt, was man dem Tier nicht erklären kann, was es nicht begreift. Man ist ständig mit diesem ungeheuren Unterschied in den Verstehensmöglichkeiten konfrontiert. Und so bleibt es nicht aus, daß man sich qua Analogie fragt: Wie mag einer, der genauso weit von mir entfernt ist wie ich vom Tier, die Welt sehen? Wieviel mehr könnte der begreifen, was er mir aber nicht erklären kann?

sk / Schon wahr, der Dialog mit einem Tier bewegt sich mehr oder weniger auf dem Niveau, den das Tier bestimmt. Man kann im stummen Zwiegespräch mit seinem Hund eben keine metaphysischen Fragen behandeln. Aber mit einem metaphysischen Wesen, das unsere Intelligenz übertrifft, ob es nun existiert oder nur ein Produkt unserer Phantasie ist, könnte man es.

dk / Aber für dieses Wesen wiederum wäre das Niveau, auf dem wir reflektieren, indiskutabel. Es würde uns zu verstehen geben, daß wir zu dumm sind, solche Fragen zu beantworten.

sk / Gleichzeitig zeigt sich die Spanne der intellektuellen Möglichkeiten, die der Mensch hat. Er besitzt die Vertikale nach unten, hin zum Tier, zur Pflanze und zum Element, und er schafft sich die Vertikale nach oben, hin zur Unendlichkeit.

dk / Aber er kann sich diese per Anschauung nicht mehr zugänglichen Bereiche nur mangelhaft vergegenwärtigen. Allenfalls per Analogie.

sk / Was heißt hier mangelhaft. Ist nicht der Künstler ein Schöpfer imaginärer Welten?

dk / Ja, der Künstler als Schöpfer. Damit habe ich übrigens im Roman immer wieder gespielt. Als Gauß am Schluß der »Vermessung der Welt«

sich in einem besonders hellen Moment plötzlich als ein von einem zweitklassigen Schöpfer in ein zweitklassiges Universum gestelltes Wesen empfindet, geht es um das Mangelhafte der imaginären Welt gegenüber der realen. Meine Romanfigur Gauß kommt sich vor wie eine nicht ganz gelungene Erfindung, wie die Kopie eines ungleich wirklicheren Menschen – was ja auch ganz und gar zutrifft. Der zweitklassige Schöpfer, das bin natürlich ich, das zweitklassige Universum ist mein Buch. Und das Original zur Kopie, das ist der reale Mensch Gauß, die geschichtliche Figur.

sk / Noch mal zurück zur Gottesfrage, zur hypothetischen Theologie. Was meinen Sie, hat Gott Humor?

dk / Das war immer die Abschlußfrage, die Maxim Biller in seinen Interviews gestellt hat. Die meisten sagen natürlich sofort: »Ja klar hat Gott Humor!« Für Humor ist sowieso jeder und für einen humorvollen Gott auch, aber in Wirklichkeit wüßte ich keine sinnvolle Antwort. Humor hat zu viel mit Menschlichkeit, mit dem Zustand des Menschen und seiner Konfrontation mit einer Welt zu tun, die er nicht meistert. Ich glaube nicht, daß Humor mit einer philosophisch sinnvollen Vorstellung von Gott vereinbar ist.

sk / Die Antwort gefällt mir. Es paßt zur ontologischen Mittellage des Menschen, daß auch der Humor in diese Mittellage gehört. Man könnte sagen: Das Tier ist noch nicht beim Humor, und Gott ist nicht mehr beim Humor.

dk / Die zwei Enden des Spektrums. Ein Gott ist wie das Tier nur denkbar als absolut eins mit sich. Wo sollte also der Humor herkommen? Was soll er lustig finden?

sk / Verlassen wir die himmlische Welt und kommen zur irdischen. Meine Frage: Gibt es nicht ebenso viele soziale Gattungen wie zoologische? Wir leiden heute unter einer zunehmenden Homogenisierung der Formen, Stile und Denkweisen. Die Globalisierung tendiert dazu, Unterschiede einzuebnen. In der »Vermessung der Welt« zeigt sich noch das volle Bild der Vielfalt. Man wird an Balzacs Vorrede zur »Menschlichen Komödie« erinnert: »Die Unterschiede zwischen einem Soldaten, einem Arbeiter, einem Bürokraten, einem Advokaten, einem Müßiggänger, einem Gelehrten, einem Staatsmann, einem Kaufmann, einem Seemann, einem Dichter, einem armen Teufel, einem Priester sind zwar schwieriger zu erfassen, aber genauso beträchtlich wie die zwischen dem Wolf, dem Löwen, dem Esel, dem Raben, dem Hai, der Seekuh, dem Lamm usw.« Ist das noch so?

dk / Im Prinzip ja. Ich denke nicht, daß die Gleichmachung so schnell geschieht, wie die Medien uns glauben machen wollen. Die Wohlhabenden meinen gerne, daß es keine sozialen Klassen mehr gibt. Die Unterschichten haben das nie geglaubt. Es gibt natürlich eine Globalisierung, aber sie ist vor allem eine Globalisierung der Bilder. Überall in der Welt stehen jetzt Fernseher, auf denen unsere westliche Lebensweise zu sehen ist. Aber wer auch nur ein bißchen reist, wer ein wenig in Europa herumkommt, gar nicht zu reden vom Rest der Welt, merkt doch, daß die Unterschiede in den Lebensweisen, Gewohnheiten und Weltzugängen viel tiefer gehen, als man glaubt. Es gibt wohl eine ideelle Einheit der Menschheit, zumindest als Forderung im Kantischen Sinn. Über die wichtigsten Dinge können wir uns letztlich verständigen, über alle Kulturen hinweg. Aber die Unterschiede in Denkart und Lebensweise bleiben bestehen, sie sitzen tief und führen ständig zu Mißverständnissen und Komplikationen.

sk / Das ist tröstlich, nicht wahr?

dk / Es ist tröstlich, aber auch schade.

Genies

sk/Eine Gattung der menschlichen Zoologie hat Balzac nicht erwähnt: die Genies. Nirgends erfährt man mehr über diese Spezies als in Ihren Romanen. Milan Kundera, einer der intelligentesten Romantheoretiker überhaupt, hat gesagt, jeder Roman braucht ein Thema. Wenn er keins hat, verliert sich der Autor in seiner Geschichte, und die Geschichte wird platt. Könnte es sein, daß »Die Vermessung der Welt« die Komödie der Genialität zum Thema hat?

dk/Die Komödie der Genialität, ja das ist schön. Das ist sicher eines der Themen. Ich glaube aber, daß ein Roman nicht bloß ein Thema braucht, sondern mehrere, daß eine Art thematisches Gewebe entstehen muß. Und eines meiner Themen, besonders im ersten Drittel des Romans, ist sicher das Thema Genialität, Hochbegabung. Mein Ansatz ist im Grundzug ironisch. Ich erzähle von Gauß in leicht melancholischem Duktus, als wäre es die Geschichte eines Verkannten.

Es ist aber die Geschichte eines maximal anerkannten begabten Kindes, da es in dem ganzen Roman von Anfang an keinen gibt, der nicht daran glaubt, daß Gauß der größte Mathematiker aller Zeiten ist. Gauß bekam tatsächlich von früher Jugend an die größtmögliche Förderung von allen Seiten. Die Fördersysteme des 18. Jahrhunderts griffen sehr gut. Immerhin war es die Zeit des Geniekults, und alle waren auf der Suche nach außergewöhnlichen Kindern wie Gauß oder Fichte. Wahrscheinlich hat die Hochbegabtenförderung damals besser funktioniert als jetzt. Heute findet man auf deutschen Sonderschulen mehr hochbegabte Kinder als auf Gymnasien. Das ist statistisch belegt und sehr traurig.
Aber das Hauptthema der »Vermessung der Welt« ist wohl doch die Frage der Freiheit. Also die Gegenüberstellung von gedanklicher Freiheit und Bewegungsfreiheit, von räumlicher Freiheit und geistiger.

sk / Ich möchte auf das Genialische zurückkommen. Die Gauß-Szenen Ihres Buches zeigen einen Teil des Phänomens, nämlich die außergewöhnliche Schnelligkeit und verblüffende Kombinatorik seines Denkens, dazu Phantasie und Abstraktionskraft. Bleiben wir bei der Schnelligkeit. Ob geniale Menschen glücklich oder unglücklich sind, ist ja nicht nur eine Sache der Anerkennung. Schnelles Denken führt häufig in lustige und gesellige, aber nicht selten auch in einsame und traurige Verhältnisse, so daß man sich fragt, ob die Biographie eines anerkannten und bewunderten Genies, sein Selbstverhältnis und Welterleben nicht nur Stoff für eine Komödie, sondern auch für eine Tragödie hergeben?

dk / Es gibt immer wieder Szenen, in denen der komödiantische Ton umschlägt. Das war es, was mich von Anfang an am historischen Gauß fasziniert hat, daß man sich bei der Lektüre seiner Briefe fragt: Woher kommt diese Melancholie, diese Traurigkeit? Immerhin war er einzigartig erfolgreich. Er hatte eine Familie, die zu ihm hielt – allerdings erholte er sich nie davon, daß er früh seine über alles geliebte Frau verlor –, er war einer, der als Wissenschaftler alles erreichte, was zu erreichen war. Der Moment, als ich dachte, daraus müßte man eine Romanfigur machen, war der, als ich begriff: Gauß' Traurigkeit rührt daher, daß er so intelligent war. Das war Melancholie aus überlegener Intelligenz! Wir alle wissen, wie es ist, wenn wir jemandem, der langsam und begriffsstutzig ist, etwas erklären müssen. Daran kann man verzweifeln, da fühlt man sich einen Moment lang sehr allein. Aber Gauß war zeit seines Lebens in dieser Rolle! Seine Intelligenz war universell. Er war kein «Rain Man«, der nur gut rechnen konnte, aber sonst beschränkt war, er hatte eine unspezifische Intelligenz. Er hatte, würde man heute sagen, in allen Bereichen eine wesentlich höhere Problemlösungskompetenz als diejenigen, die ihn umgaben. Deswegen hat er in so vielen Disziplinen, nicht nur in der Mathematik, sondern auch in der Astronomie und Physik und eben auch in der Theorie der Landvermessung Erstklassiges geleistet. Aber er war, aus seiner Sicht, umgeben von Idioten, von Strohköpfen. Es muß im Laufe der Zeit eine Form von Einsamkeit daraus entstanden sein, die man sich kaum vorstellen kann.

sk / Man sollte denken, Hochbegabung sei ein Segen, aber sie ist in vielem ein Fluch. Nehmen wir die Denkschnelligkeit. Sie bezieht sich nicht nur auf Gegenstände und Probleme, sondern auch auf die Zeit, den Zeitfluß im allgemeinen. Heideggers »Vorlaufen zum Tod« etwa ist eine Denkleistung, eine Phantasieleistung. Wer schneller denkt als andere, läuft schneller vor zum Tod und hat so eher ein Gefühl von Vergänglichkeit. Vielleicht rührt daher die Traurigkeit. In Ihrem Buch werden ja auch Alter und Altern thematisiert, allerdings in einem komödiantischen Ton.

dk / Man könnte es auch umgekehrt sehen. Wer schneller denkt, nutzt seine Zeit besser und hat dadurch, relativ gesehen, mehr Zeit zur Verfügung als die Leute um ihn herum. Gleichzeitig hat er, wie Gauß bei mir, ständig das Gefühl, daß ihm die anderen mit ihrer Langsamkeit Lebenszeit stehlen. Im Kapitel »Die Steppe« habe ich versucht, im Ton unmerklich ins Ernste, ins Melancholische zu wechseln. Hier, am Beispiel des greisen Humboldt, wird das Buch zu einem Roman über das Alter, darüber, wie es ist, wenn ein Mensch – und gerade einer, der Großes vollbracht hat – nach und nach feststellt, daß seine Aufgabe erfüllt, die Arbeit getan ist, er aber immer noch da ist.

sk / Normalerweise interessiert sich der Mensch erst in der zweiten Lebenshälfte fürs Alter und für den Tod. Sie sind offenbar eine Ausnahme.

dk / Sie meinen, ich sei noch in der ersten Hälfte? Das ist tröstlich. Hoffen wir, daß es so ist. Mich hat das Phänomen des Alterns immer interessiert. Auch die Konfrontation von Alter und Jugend. Schon in meinem Roman »Ich und Kaminski« ging es darum. In der »Vermessung der Welt« werden die Lebensläufe zweier Figuren bis ins hohe Alter parallelisiert. Es geht nicht ganz bis ans Ende. Der Tod wird in beiden Fällen metaphorisch vorweggenommen. Bei Humboldt durch das Debakel der Sibirienreise, seiner letzten großen Expedition. In der Sekundärliteratur wird sie gemeinhin als Erfolg geschildert – der Doyen der Naturwissenschaft bricht noch einmal auf. Wer genau liest, merkt, da ist so gut wie nichts passiert. Humboldt hat nichts entdeckt. Er konnte nichts erforschen, er wurde nur herumgeschoben.

sk / Aber reden wir doch noch mal über jung und alt. In »Ich und Kaminski« gibt es ganz schöne Sätze über das Phänomen: »Jung sein ist eine Krankheit.« Oder: »Ein junger Künstler ist etwas Seltsames. Halb verrückt vor Ehrgeiz und Gier.« Oder: »Alter ist etwas Absurdes. Man ist da und auch nicht, wie ein Geist.«

dk / Der letzte Satz kehrt leicht abgewandelt in der »Vermessung der Welt« wieder. Humboldt sagt ihn kurz vor seiner Rußlandreise.

sk / In der ersten Lebenshälfte, könnte man sagen, ist der Mensch damit beschäftigt, in die Welt hineinzufinden, in der zweiten damit, aus ihr zu verschwinden.

dk / Wobei die Hälften, je nach dem, was man tut, unterschiedlich lang sein können. Das war es, was ich an Gauß interessant fand, daß die zweite Hälfte bei Mathematikern so früh beginnt. Es gibt praktisch keine bedeutende mathematische Leistung, die von einem Menschen über Dreißig vollbracht wurde. Die ungeheure geistige Anspannung, die für Grundlagenmathematik nötig ist, scheint eine Kraft vorauszusetzen, die wie im Spitzensport nur diesseits der Dreißig vorhanden ist. Man kann den Leistungsabfall auch nicht durch Erfahrung kompensieren. In der schönen Literatur, jedenfalls ist das zu hoffen, wird man mit zunehmender Welt- und Lebenserfahrung immer besser. In der Mathematik nützt Erfahrung nichts. Die Mathematiker wissen, wenn sie bis Achtundzwanzig noch nichts Wichtiges entdeckt haben, kommt wahrscheinlich auch nichts mehr.

Zählen und Erzählen

sk / Ihr Buch heißt »Die Vermessung der Welt«. Ein Roman kann die Welt nicht vermessen, er kann nur von Menschen erzählen, die das tun. Wie jedermann weiß, sind Messen und Zählen nahe Verwandte. Sind vielleicht auch Zählen und Erzählen verwandt? Es gibt zwar einen Weg vom Zählen zum Nachzählen – alles Geschäftliche –, aber keinen vom Zählen zum Erzählen. Dennoch fragt man sich, ob nicht ein Erzähler von der Mathematik etwas lernen kann?

dk / Ich könnte es mir jetzt leicht machen und sagen, die Genauigkeit. Das wäre immer eine gute Antwort, aber letztlich nichtssagend. Denn in Wahrheit ist es so: Man kann vom Zählen nicht erzählen. Man kann nur erzählen von den Menschen, die es tun. Erzählen ist immer ein Erzählen von Menschen, von Charakteren, von Lebensläufen. Ich fand die Vermesser, die wissenschaftlich zählenden Menschen, immer faszinierend, und das heißt ergiebig fürs Erzählen. Aber Wissenschaft und Kunst sind verschiedene Weltzugänge. Mein Zugang bleibt ein literarischer. Wenn dem nicht so wäre, könnte man ja mit einem Roman sogar Wissenschaft betreiben oder wissenschaftliche Erkenntnisse befördern. Das ist unmöglich. Nein, es bleibt eine Geschichte von Menschen, und dadurch kann man die Unterschiedlichkeit des Weltzugangs thematisieren, und zwar, wie ich es versucht habe, auf komödiantische Weise. Vom Zählen etwas fürs Erzählen lernen? Nein. Erzähltechnisch läßt sich das Zählen nicht adaptieren. Die formalen Quellen für einen Roman sind literarischer Art. Wissenschaft kann man nicht formal nutzbar machen für die Kunst. Das haben gewisse Strömungen der Avantgarde versucht, aber mit zweifelhaftem Erfolg.

sk / Man könnte meinen, es gibt doch eine Berührung von Mathematik und Kunst, nämlich die Ästhetik der Zahlen, der geometrischen Formen. Dergleichen könnte doch eine Rolle spielen bei Überlegungen zur Struktur des Romans, zur Komposition, zu Anzahl und Länge der Kapitel, etwa wenn man eine Schwäche für Zahlenmystik hat. Ansonsten stimme ich Ihnen zu. Im Roman, in der Kunst, geht es um die Gegenmächte der Vermessung. Und Gegenmächte der Vermessung, der Quantifizierung sind in erster Linie das Erzählen selbst, dazu Magie, Animismus, Zauberei, Theologie. Und in gewisser Weise die Philosophie.

dk / Spuk müßte man noch nennen. Es treten immer wieder Gespenster in der »Vermessung der Welt« auf. Der alte Gauß spricht am Anfang in einer halbträumerischen Betrachtung – als er mit seinem Sohn Eugen in der Kutsche nach Berlin reist – über Grenzfälle der Naturgesetze, von seltsamen Dingen, die schwer zu fassen und dennoch existent sind. Er spricht von Geistererscheinungen und von Gedankenübertragung. Eine Art Gedankenübertragung zwischen Humboldt und Gauß geschieht am Schluß ein ganzes Kapitel lang, ohne daß die beiden es merken – nur der Leser merkt es, wenn er aufpaßt.

sk / Bestimmte Phänomene, meinte Bergson, müßte man vor der Wissenschaft in Schutz nehmen, zum Beispiel Gespenster. Er sagte, und für Ernst Bloch war das eine wahre Freude: So wenig ein begriffenes Gespenst noch ein Gespenst ist, ist eine berechnete Kurve noch eine Kurve.

dk / Das ist schön, ja. Wobei die Gespenster bei mir literarische Wesen sind. Wenn mir eines wirklich erschiene, wüßte ich nicht, ob ich ihm entspannt entgegenblicken könnte. Ich würde mich fürchten. Ich weiß nicht, ob man es vor der Wissenschaft in Schutz nehmen muß, ich wäre wahrscheinlich eher froh, wenn ein Wissenschaftler käme und mich beschützte.

Aber im Ernst, es gibt sehr unterschiedliche Wissenschaftler. Da sind – leider sehr verbreitet – die grob zupackenden Positivisten, und da sind jene, die sich über die formalen Grundlagen ihrer Arbeit im klaren sind und genau wissen, womit sie sich zu befassen haben und womit nicht. Und natürlich gibt es für einen Wissenschaftler methodisch gesehen keine Gespenster. Man könnte aber hinzufügen, für ein Gespenst gibt es auch keine Wissenschaftler.

sk / Das Kennzeichen der modernen Naturwissenschaften ist ja die Quantifizierung, die Mathematisierung. Auf diese Weise wird die qualitative Differenz der Dinge methodisch eingeebnet, die Welt als Ganzes wird homogenisiert, um nicht zu sagen uniformiert. Nun hat es gegen diese Einebnung nicht nur von seiten der Kunst stets Widerspruch gegeben, sondern gelegentlich auch von seiten des begrifflichen Denkens, und zwar gerade zu der Zeit, in der Ihr Roman spielt. Ich spreche von der romantischen Naturphilosophie. Das ist ja das Interessante, daß die Klassik auf dem Gebiet der Naturphilosophie durch und durch romantisch war. Schelling war der maßgebliche Mann.

dk / Und Humboldt der letzte nicht quantifizierende Naturwissenschaftler. Deswegen mochten ihn die Romantiker, auch Goethe; Hegel allerdings mochte ihn nicht. Humboldt, der ungeheure

Sammlungen anlegte, aber davon keine Gesetze abstrahieren konnte, der nicht imstande war, vom Empirischen zum Gesetzmäßigen aufzusteigen! Deswegen gibt es keine Humboldtschen Gesetze, keine Meßgröße, die seinen Namen trägt. Was er konnte, war, eine ungeheure Menge an Daten intuitiv zusammenfassen. Die klimatischen Wechselwirkungen der Erde hat er in der noch heute gebräuchlichen Form isothermischer Linien aufgezeichnet. Wir sehen sie jeden Abend im Wetterbericht. Das ist eine seiner wichtigsten Leistungen. Und natürlich der Humboldtstrom. Immer geht es um das Zusammenwirken großer Naturerscheinungen als Ganzes. Hier zeigte sich zum letzten Mal und im großen Stil das intuitive Naturbegreifen. Ganz im Gegensatz dazu steht Gauß. Er ist einer der ersten im modernen Sinne quantifizierenden Naturwissenschaftler. Deswegen würde sich Gauß gut in unseren heutigen wissenschaftlichen Kontexten zurechtfinden. Humboldt wäre da sehr fremd.

sk / Goethe hat wie so oft auch in diesem Punkt eine Mittelstellung. Das gilt auch für sein liebstes Kind, die Farbenlehre. Im Streit mit Newton stand er einem eingefleischten Mathematiker und Weltvermesser gegenüber. Schopenhauer hat darüber den Witz gemacht: Man liest bei Newton, daß die Rotempfindung bei 400 Billionen Ätherschwingungen in der Sekunde entsteht und die Violettempfindung bei 800, das heißt also, es muß 400 Billionen oder 800 Billionen mal in der Sekunde auf die Netzhaut getrommelt werden, und farbenblind ist dann wohl derjenige, der sich verzählt hat?

dk / Das ist um so komischer, als es tatsächlich so ist: Schopenhauer glaubt einen Witz zu machen, aber er beschreibt die Realität. Goethe empfand die Experimente, bei denen man das Licht durch ein Prisma bricht, als obszön. Er sagte, es sei unanständig, das Licht so zu behandeln. Und da ist es, das Zusammentreffen von Komik und Größe im Weltbild der deutschen Klassik. Eine Form von Komik, mit der ich in meinem Buch arbeite. Der Satz, daß es unanständig ist, das Licht durch ein Prisma zu brechen, ist irgendwie beeindruckend, aber auch komisch, ja fast absurd.

Humor

sk / Darüber hätte wohl sogar Swift gelacht. Humor ist ja der große Vorzug Ihres Buches. Er nimmt dem Roman von vornherein den Geruch des bloß Historischen. Humor ist nie historisch, sondern stets gegenwartsunmittelbar. Historischer Humor wäre eine Contradictio in adjecto, ein Ding der Unmöglichkeit. Man darf getrost sagen: Sie haben mit der »Vermessung der Welt« der Geschichte des Lachens, von der man befürchten mußte, sie sei bereits zu Ende, ein schönes und an staunenswerten Episoden reiches Kapitel hinzugefügt. Stilistisch schlägt sich diese gewissermaßen situationistische, von moralischen Plädoyers freie Weltsicht in einer Philosophie der Durchheiterung nieder, einer Philosophie der komischen Surrealisierung von Menschen und Tieren, Dingen und Ideen. Ein Zugriff auf die Welt, der auch mit den Schrecken des Lebens fertig wird. Daß man auf solche Weise eine Menge Entdeckungen macht, versteht sich von selbst. Kein Stoff ist so reichhaltig wie das Lächerliche, besonders das im

höheren Sinne Lächerliche des erhabenen Ernstes. Natürlich kommt es darauf an, daß man es nicht durch Herunterziehen erobert. Wahrer Humor hat etwas Befreiendes. Er zerbricht die Krusten, die über dem Lebendigen liegen, er verflüssigt die starren Fronten des Verhaltens und des Denkens, er versöhnt mit den peinigenden Schwächen der andern und dadurch mit den eignen.
Da stellt sich die Frage, hat diese Erfahrung des heiteren, ja komödienhaften Schreibens Ihre Ansichten über Romanpoetik verändert?

dk / Das kann ich eigentlich nur persönlich, also biographisch beantworten. Die Arbeit an diesem Roman hatte etwas ungeheuer Befreiendes. Ich habe viel am Meer gearbeitet, am Mittelmeer und an der Nordsee, und ich bin viel am Strand spazierengegangen. Ich hatte das Gefühl, als hätte ich in einem dunklen, stickigen Haus alle Fenster aufgemacht. Und ich hatte das Gefühl, etwas zu versuchen, das weit weg war von dem, was in der deutschen Gegenwartsliteratur – meine Bücher inbegriffen – normalerweise gemacht wurde. Ich mußte mir erst einmal selber Mut machen. Denn man hat doch immer die Angst, in die Falle des Trivialen zu tappen. Und da schrieb ich also an einem Roman, in dem Leute auf Pferden ritten und Musketen abfeuerten. Da denkt man schon mal, um Gottes Willen, was machst du, bist du plötzlich Karl May geworden?

sk / Eine Phänomenologie des Komischen ist nichts für Agelasten, wie Rabelais den Typus Mensch nennt, der nie lacht. Humboldt müßte man wohl auch dazu zählen. Nehmen wir die Fahrt mit den vier Ruderern auf dem Orinoko, wo die Luft schwarz ist von Moskitos:

Ihre Gesichter bluteten ständig. Selbst dicke Tücher, über den Kopf geworfen, brachten keine Erleichterung, die Tiere stachen einfach durch den Stoff.
Der Fluß, sagte Julio, dulde keine Menschen. Bevor Aguirre sich hierhin aufgemacht habe, sei er bei Verstand gewesen. Erst hier sei es ihm eingefallen, sich zum Imperator zu erklären. Ein verrückter Mörder, sagte Bonpland, der erste Erforscher des Orinoko! Das ergebe Sinn.
Dieser traurige Mann habe gar nichts erforscht, sagte Humboldt. Ebensowenig erforsche ein Vogel die Luft oder ein Fisch das Wasser.
Oder ein Deutscher den Humor, sagte Bonpland.
Humboldt sah ihn mit gerunzelten Brauen an.
Nur ein Witz, sagte Bonpland.
Aber ein ungerechter. Ein Preuße könne sehr wohl lachen. In Preußen werde viel gelacht. Man solle nur an die Romane von Wieland denken oder die vortrefflichen Komödien von Gryphius. Auch Herder wisse einen guten Scherz wohl zu setzen.
Daran zweifle er nicht, sagte Bonpland müde.
Dann sei es ja gut, sagte Humboldt und kraulte

das von den Insektenstichen blutige Fell des Hundes.

Versuchen wir, lieber Herr Kehlmann, als Deutsche ein wenig Humorforschung zu betreiben. Ich brauche nicht daran zu erinnern, welche Fülle komischer Szenen Ihr Buch bietet. Meine Frage an den Philosophen: Gibt es für Sie eine Art platonische Idee des Humors?

dk / Ich finde Schopenhauers Theorie des Komischen sehr hilfreich. Sie macht plausibel, was den meisten Dingen, die wir lustig finden, gemeinsam ist, nämlich die plötzliche Wahrnehmung einer Inkongruenz von begrifflich gedachtem und anschaulich gegebenem Gegenstand. Das klingt abstrakt, läßt sich aber auf alles Komische anwenden, auch auf den Menschen, der auf der sprichwörtlichen Bananenschale ausrutscht. Wobei ich mich, nebenbei gesagt, frage, ob seit Erschaffung der Welt wirklich schon mal ein Mensch auf einer Bananenschale ausgerutscht ist. Aber egal. Ein solcher Ausrutschender ist einerseits ein physisches Wesen, und als solches der Schwerkraft unterworfen, andererseits ein souveränes Geistwesen, das nicht der Schwerkraft unterworfen sein sollte. Und wenn er nun auf einer Schale ausrutscht, dann lachen wir über die plötzlich wahrgenommene Inkongruenz von Begriff und Anschauung. Das erklärt aber noch nicht, warum sich unser Gesicht verzerrt und unser Zwerchfell zuckt. Die Biologen sagen, die physiologische Seite des Lachens, eben dieses Zucken des Zwerchfells und das Zeigen der Zähne, war ursprünglich Ausdruck einer Aggression, die gestisch der Drohgebärde des Affen entsprach. Ich wäre froh, wenn ich jetzt etwas Kluges darüber sagen könnte, wie und warum der Mensch die Drohgebärde des Affen hat umfunktionieren können zu einer heiteren Reaktion auf die Widrigkeiten der Welt, aber ich habe dazu keine Idee. Das ist einfach nur seltsam.

sk / Wenn wir die »Vermessung der Welt« als Ganzes betrachten, von ihrer Grundstruktur her, dann erkennen wir, daß das Komische geradezu in die Fundamente gelegt ist. Der Roman spielt mit dem hohen Begriff des wissenschaftlichen Entdeckers und mit der hehren Idee der Weimarer Klassik und führt durch episodenreiches Erzählen ständig eine mit dieser Vorstellung inkongruente Anschauung ins Feld. Demzufolge zündet unaufhörlich der Effekt des Lächerlichen.

dk / Das klassische Beispiel dieses Grundmusters ist der Don Quijote. Auch hier die Inkongruenz zwischen seinen ritterlichen Grundsätzen und der Realität. Schopenhauers Humortheorie funktioniert auch hier.

sk / Folgt daraus, daß man sie gewissermaßen anwenden kann?

dk / Sie meinen, ob man aus einer guten Theorie gute Witze synthetisch ableiten kann? Schön wär's. Aber ich denke, nein. Ich glaube, daß man zum Produzieren komischer Sätze oder Situationen immer der konkreten Anschauung bedarf. Die Pointe entsteht nie so, daß der Begriff sich eine nicht zu ihm passende Anschauung sucht, sondern, daß man von einer Anschauung ausgehend plötzlich das Unpassende des Begriffs empfindet. Empfindet, wohlgemerkt, nicht denkt!

sk / Es sind also nicht die reinen Sensualisten, die reinen Empiristen, die uns zum Lachen bringen. Die komische Seite der Welt liegt nicht offen zutage. Es bedarf eines hochkomplexen Mischwesens, um sie zu zeigen. Es bedarf des Humoristen.

dk / Es bedarf der Intellektualisierung, aber einer, die stets vom Realen, Vereinzelten und Empirischen ausgeht und sich nicht vom Konkreten der Situation löst. Deswegen kann man Komik nicht aus Theorien generieren. Es wirkt übrigens immer komisch, so ernst über Komik zu sprechen, und wahrscheinlich haben wir beide uns damit längst lächerlich gemacht. Aber das müssen wir wohl in Kauf nehmen.

sk / Wir können festhalten: Alles Komische beruht darauf, daß es Situationen gibt, wo es entweder zu einer Schieflage der Begriffe in der Welt der Dinge oder zu einer Schieflage der Dinge in der Welt der Begriffe kommt. Mit anderen Worten: Der Begriff der Schieflage gehört zur Ontologie des Komischen. Noch mal zur Frage des Generierens. Das geht wahrscheinlich auch deshalb nicht, weil das Moment der Überraschung zum Komischen gehört. Es würde entfallen, wenn man Theorien anwendete. Man käme zu einer Art voraussehbarer Komik. Und voraussehbare Komik endet dort, wo voraussehbare Schönheit endet – beim Klischee, beim Kitsch.

dk / Das Phänomen kennen wir ja. Das erleben wir ständig, daß Dinge lustig sein sollen, es aber nicht sind. Im Fernsehen, bei all den zweitklassigen Comedyformaten, aber auch im normalen Gespräch. Wie oft passiert es, daß man etwas sagt, das lustig sein soll, und niemand findet es lustig. Man bewegt sich beim Komischen auf völlig unsicherem Terrain. Beim Traurigen ist das anders. Wenn man eine Sterbeszene schildert, weiß man, daß andere das auch traurig finden werden. In der Komik ist das Risiko viel größer.

sk / Traurige Dinge werden nach den Gesetzen der Empathie geschildert. Der Autor versucht sich in Trauer zu versetzen, und wenn ihm das gelingt, fühlt er wie jemand, der in Trauer ist. Doch wer wirklich in Trauer ist, braucht keinen Zweiten, und schon gar nicht ein Publikum. Er ist mit sich und seinem Verlust beschäftigt. Insofern gibt es hier nicht das Risiko der Resonanz. Aber das Komische kann man nicht für sich allein zelebrieren. Wenn man zuhause in der Küche sitzt und etwas Komisches zelebriert, braucht man mindestens einen Zuschauer. Ein Hund würde da nicht reichen, auch kein Papagei.

dk / Deswegen hat man bei guten Witzen das Bedürfnis, sie sofort weiterzuerzählen. Humor braucht Resonanz.

sk / Haben Sie manchmal befürchtet, daß Sie es mit dem Humor in der »Vermessung der Welt« zu weit treiben könnten?

dk / Ständig. Aber gerade bei Komik muß man etwas riskieren. Man muß ständig gegen die eigene Vorsicht ankämpfen. Bei Pointen und bei humoristischen Stellen fragt man sich regelmäßig, ob das nicht schon, wie es im Englischen heißt, over the top ist. Man ist beim komödiantischen Schreiben daher mehr als sonst auf Kontrolle angewiesen, also auf Leute, die einem notfalls sagen: Komm, das ist zu albern, nimm es lieber raus!

sk / Weil die Gefahr besteht, daß man aus seiner humoristischen Begabung eine Methode macht.

dk / Ja, genau.

sk / Und dabei die Wahrheit aus dem Auge verliert.

dk / Man macht eine Methode daraus und merkt nicht, daß man, um eines humoristischen Effektes willen, die Dinge manipuliert. Aber gerade der Humor, selbst der absurdeste, braucht Wahrheit, braucht Realismus.

sk / Der Humor oder die humoristische Welt- und Menschenbetrachtung sollte eine Seite an den Dingen zeigen, die bei ernster und rein sachlicher Wahrnehmung nicht zu sehen ist. Wahrheit als Aufdeckung des Verborgenen.

dk / Humor lebt vom Hinschauen, immer.

sk / Ein in gewisser Weise mildes und friedvolles Hinschauen. Darum hat ein Mann wie Spengler gesagt: Revolutionäre haben keinen Humor.

dk / Da hat er recht. Humor ist eine Stimmung, die sich im Hinschauen und Kommentieren erschöpft. Aber sie muß nicht friedvoll und milde sein. Es gibt auch den eisigen Sarkasmus. Der ist zwar auch ein Frieden, aber kein milder.

sk / Was die Milde angeht, hatte ich Fontanes Bemerkung über die »verklärende Macht des Humors« im Sinn.

dk / Man kann trotzdem mit Schiller das scherzende und das strafende Lachen unterscheiden. Ich würde es lieber mit Kundera das Lachen der Engel und das Lachen der Teufel nennen.

sk / Ich will gar nicht streiten. Ich will nur nicht so schnell das Wort Milde hergeben. Gemeint ist doch: den Erscheinungen des Lebens das Rabiate, das Zudringliche und das Drohende zu nehmen.

dk / Ich stimme nur bedingt zu. Nehmen Sie ein großes komisches Werk unserer Zeit, den Roman »Ein Haus für Mr. Biswas« von V.S. Naipaul. Dieses Buch lebt gerade von der Schonungslosigkeit seines Humors. Es beginnt mit den berühmten Sätzen: »Zehn Wochen bevor er starb, wurde Mr. Mohun Biswas, ein Journalist aus der Sikkim Street in St. James, Port-of-Spain, gefeuert. Er war schon seit einiger Zeit krank. In weniger als einem Jahr hatte er mehr als neun Wochen im Kolonialhospital verbracht und eine noch längere Genesungszeit zu Hause. Als der Arzt ihm riet, sich einmal richtig auszuruhen, blieb dem ›Trinidad Sentinel‹ keine Wahl. Zum Quartalsende kündigte er Mr. Biswas und belieferte ihn bis zu seinem Tod weiterhin jeden Morgen mit einem Freiexemplar der Zeitung.« Das ist mit Humor geschrieben, aber nicht mit Milde. Die Komik lebt davon, daß etwas Empörendes in einem Ton wiedergegeben wird, der nicht empört klingt, sondern scherzhaft. Das ist eisiger Humor. Er scheint selbst unberührt vom Leiden, berührt aber dadurch den Leser.

sk / Es gibt ja den schwarzen Humor. Der ist nah am Sarkasmus und nah an kalter Ironie. Ich sehe aber trotz vieler Übergänge dennoch einen Unterschied zwischen Ironie und Humor. Nur ist der nicht so leicht zu fassen. Entscheidend ist, daß der Humorist seinen Vorteil nicht auf Kosten seines Gegenstandes oder seines Gegenüber erringt.

dk / Das ist richtig.

sk / Ironie kann auch Machtgeste sein, Humor nie. Die Ironie spricht im Modus der Verstellung, die ist beim Humor nicht nötig. Bei der Ironie ist am Ende immer der Ironiker der Gewinner. Der Humorist hingegen operiert auf gleicher »Leidensebene« wie sein »Opfer«, auch er gibt sich der Lächerlichkeit preis. Beim Ironiker ist das Risiko geringer. Er muß nur aufpassen, daß die Ironie verstanden wird.

dk / Wer sie nicht versteht, ist selber schuld.

sk / Das heißt, das Risiko liegt beim Dummkopf.

dk / Beim Komischen ist die Sache schwieriger. Es gibt ja wirklich komische Formate im Fernsehen, zum Beispiel »Die Simpsons«, über die ich mehrmals geschrieben habe. Aber man weiß, wie schwer es ist, einen Witz nach dem andern zu präsentieren, dazu braucht man ein Team von Schreibern, das schafft kein einzelner, und auch das Team könnte höchstens einmal in der Woche liefern. Vielleicht könnte man jeden Tag eine ernste und traurige Folge schreiben, aber nicht jeden Tag etwas Lustiges, weil es sich hier um Erkenntnisakte handelt, um glückhafte Findungen.

sk / Fontane sagt: »Der Humorist hat unter allen Schriftstellern den schlimmsten Stand. Man streitet sich gelegentlich darüber, ob eine Sache schön sei oder nicht, tragisch oder nicht, erschütternd oder nicht, aber diese Meinungsverschiedenheiten wiegen federleicht im Verhältnis zur Abweichung des Urteils darüber: was Humor sei und was nicht. Es gibt eine Fülle gescheiter Leute, die absolut unfähig sind die Pickwickier durchzulesen, denn es fehlt ihnen jegliches Organ den Boz'schen Humor, oder überhaupt irgendwelchen Humor zu begreifen. Etwas noch Schlimmeres ist unsre Stimmung, weil sie Macht hat über Jeden. Es ist möglich im Hamlet oder Othello zu vergessen, daß man Zahnweh hat, und die Lady Macbeth wird uns erschüttern, auch wenn wir eine Stunde vorher die Nachricht vom Tode eines Verwandten oder vom Verlust unseres halben Vermögens erhalten haben, aber der Humor, wenigstens seine lachende Hälfte, wird spurlos an uns vorübergehen, ja sogar uns verdrießen, wenn unsere Stimmung seiner Heiterkeit nicht entspricht.«

dk / Das ist großartig.

sk / Wahrscheinlich läßt sich Humor deshalb nicht auf Dauerbetrieb stellen. Und wer es versucht, bekommt die Quittung. Dauerhumor ist ebenso unerträglich wie Dauerironie. Was vom Blitzhaften des Geistes lebt, verträgt keine Verstetigung.

dk / Sonst wird es Methode. Aber warum ist es als Methode eigentlich unerträglich? Weil Humor mit Erkenntnis zu tun hat. Und es beleidigt die Intelligenz, wenn ein Erkenntnisvorgang bloß simuliert wird.

sk / Wir nähern uns der Frage nach den Grenzen des Humors. Gibt es welche? Und was wäre das feindliche Andere? Von Handke gibt es den Satz: »Der wahre Humor ist eine Begleiterscheinung der Tragik, auch der Verzweiflung. Wenn der Humor nur humorig ist, werde ich todtraurig davon.«

dk / Ach, das sind so Sätze: Wahrer Humor ist eine Begleiterscheinung der Tragik! Dazu passen Aussagen wie: Wahre Sprache muß vom Schweigen handeln! Das klingt gut, heißt aber nicht viel. Wenn gemeint ist, daß in der Kunst Humor mit existentiellem Ernst zu tun haben muß, stimmt es natürlich. Ich halte es aber für keinen so profunden Satz. Ich denke, das wahre Andere des Humors ist das Pathos. Humor und Pathos schließen einander aus.

sk / Da wäre ich nicht so sicher. Warum sollten sie sich ausschließen? Weil Pathos mit Ergriffenheit zu tun hat? Ich neige eher dazu, Ironie und Pathos entgegenzusetzen. Denn: Ironisches Pathos ist kein Pathos, und pathetische Ironie ist keine Ironie. Humor ist weiträumiger. Im Humor kann es Ergriffenheit und Mitgefühl geben. Aber kommen wir auf Handke zurück. Was sich hinter dem Zitat vielleicht verbirgt, ist, daß Handke den Ehrgeiz hat, die poetische Dimension der Prosa zur Geltung zu bringen. Und er ist ja zu großartigen Resultaten auf diesem Gebiet gelangt. Und Poesie steht dem Humor tatsächlich feindlich gegenüber.

dk / Feindlich ist zu viel gesagt. Aber es gibt eine starke Differenz.

sk / Im Humor steckt ein intellektuelles, man könnte sagen ein diabolisches Moment, und dadurch wird Poesie zerstört.

dk / Aber was haben Poesie und Pathos gemeinsam?

sk / Echtes Pathos schadet dem Poetischen nicht, es gibt ja den hohen Ton, den erhabenen Stil in der Dichtung. Pathos heißt ja nur Ausdrucksteigerung, Amplifikation. Das kann Steigerung des Schmerzes, aber auch Steigerung der Freude sein. Beethovens Vertonung von Schillers »Ode an die Freude« ist pathetische, mitreißende, Resonanz schaffende Freude. Das spürt man bei jeder Aufführung der Neunten Sinfonie.

dk / Aber ich will nicht akzeptieren, daß die Poesie das Feindliche des Humors ist.

sk / Aber es ist eine Frage. Nehmen wir die Szene in Ihrem Roman, wo Humboldt aufgefordert wird, etwas zu erzählen und er »Wanderers

Nachtlied« auf spanisch paraphrasiert. Sie haben ein Stück poetisches Edelmetall genommen und es im Säurebad des Komischen – ob humoristisch oder ironisch, ist egal – aufgelöst. Für den Humor ist es ein Leichtes, poetische Gebilde zu destruieren.

dk / Ja. Das war Schillers Vorwurf an Voltaire: »Es liebt die Welt, das Strahlende zu schwärzen und das Erhabene in den Staub zu ziehen!«

sk / So ist es. Und weil die Poesie sich schützen muß gegen diese Destruktion, haben die Dichter gelegentlich Vorbehalte gegen den Humor. Und das scheint mir bei Handke auch so zu sein.
In Martin Mosebachs »Häresie der Formlosigkeit« steht der Satz: »Ein Mongolenschamane sagte mir, daß ein Stein, der aus dem Boden gegraben werde, sich darüber jahrelang nicht beruhigen könne.« Mehr Empathie in der Weltwahrnehmung ist kaum möglich. Extremer Animismus, und hochpoetisch. So was hätten Sie doch einbauen können in Ihren Roman. Humboldt war auch Archäologe, er hätte in Südamerika ohne weiteres einen Schamanen treffen können. Die Stelle wäre gut geeignet für eine humoristische Destruktion. Aber dann ginge leider ihr Sinn verloren.

dk / Animismus hat immer etwas Faszinierendes, er ist eine große Metaphernquelle. Und daraus schöpfen sowohl Poesie als auch Humor. Im Grunde fasziniert uns dieser Satz über den Stein nicht, weil wir es schön finden, daß der Stein sich beunruhigt, sondern weil wir es als Metapher für unsere eigene Lage nehmen. Wir denken, der Stein ist aus der Ruhe gerissen, aber ich noch viel mehr. Wir verbinden die Ruhe des Steins sofort mit unserer Lebensunruhe.

sk / Mir geht an dieser Stelle ganz anderes durch den Kopf, nämlich: Mein Gott, wie stumpf ist eigentlich dein Bewußtsein. Was dieser Schamane sieht und hört, das würde ich auch gern sehen und hören. Und gleichzeitig glaubt man es ja nicht, weil man weiß, es ist Mystik, poetische Wahrnehmung, Anthropomorphisierung.

dk / Ich habe es als Metapher für den eigenen Zustand gesehen. Und ich sehe in dem Bild vom beunruhigten Stein auch komisches Potential. Sie haben gesagt, es ließe sich humoristisch destruieren. Ich finde, daß auch bei humoristischer Behandlung die Poesie des Bildes erhalten bleibt. Ähnlich wie bei Don Quichote, der sowohl eine komische als auch eine poetische Figur ist. Mir scheint die Nichtvereinbarkeit von Poesie und Humor nur gegeben, wenn das Poetische ins Pathetische gesteigert ist. Hölderlin verträgt keinen Humor. Das stimmt. Aber in einer mittleren Stimmlage ist beides vereinbar.

sk / Von wem haben Sie Ihren Humor geerbt, vom Vater oder von der Mutter? Gehörten Humor und Ironie zum Fluidum der Familie?

dk / Ja, vor allem durch meinen Vater. Er liebte jede Art von uneigentlichem Sprechen.

sk / Uneigentliches Sprechen? Für die Ironie stimmt das, für den Humor aber nicht. Hier ist ein wichtiger Unterschied zwischen beiden. Der Humor gehört dem eigentlichen Sprechen an.

dk / Stimmt. Das nehme ich zurück.

sk / Deswegen übrigens mögen Kinder Ironie nicht. Es macht sie wütend. Sie verstehen sie nicht. Aber Humor mögen und verstehen sie.

dk / Im alltäglichen Sprechen hat man es immer mit Mischformen zu tun. Da ist es nicht säuberlich getrennt, da ist es ein ständiges Hin und Her. Natürlich, Leute die keinen Humor haben, reden mitunter auch ironisch, aber im allgemeinen doch eher die, die humorvoll sind. Es gibt ein Nebeneinander und eine große Nähe zwischen beiden. Ironie beginnt dort, wo einer raus geht und es regnet und er sagt: Ach wie schön! Da wird niemand Gelächter erwarten, aber eine winzige Idee heiterer macht es einen womöglich doch.

sk / Wenn man Ihre bisherigen Bücher betrachtet, fällt auf, daß das ironische, das komödiantische Moment erst nach und nach zum Zuge kommt. Am Anfang, sehen wir von »Beerholms Vorstellung«, Ihrem Erstling, ab, war es nicht so stark.

dk / Das hat seinen Grund nicht darin, daß ich das Komische nicht geschätzt hätte. Ich war nur allzu vorsichtig damit. Ich hatte das Gefühl, daß das nicht in die Bücher gehört, schließlich will man ja Kunst schaffen. Man möchte poetisch sein, und man fürchtet, platt zu werden, sobald man mit Komik arbeitet. Ich habe nach und nach erst verstanden, daß Kunst um so stärker ist, je mehr Aspekte der eigenen Persönlichkeit man ins Werk setzen kann. Wie Salinger so schön sagt: »When you write, see to it that all your stars are out.« Das Komödiantische war ein Aspekt meiner Persönlichkeit, der noch nicht den Weg ins Werk gefunden hatte. Da stimmte also etwas nicht, und ich mußte die Courage finden, das zuzulassen. In dieser Hinsicht war »Ich und Kaminski« ein Befreiungsschlag. Das Buch hat einige Leute, die meine bisherigen Sachen mochten, sehr erschreckt. Sie haben sich gefragt: was macht er denn da plötzlich? Das ist eine Reaktion, die das Humoristische immer wieder hervorruft. Aber es war wichtig für mich, meine Möglichkeiten in diese Richtung auszuweiten.

sk / Der Humor in der »Vermessung der Welt« ist auffällig frei von Schmähsucht. An Verehrung für die Hauptfiguren, wie humorvoll und ironisch sie auch immer ist, läßt es der Autor nicht fehlen.

dk / Die einzige Person, der ich mich destruktiv nähere, ist Wilhelm von Humboldt, die dämonische Nebenfigur des älteren Bruders. Die ist durchaus satirisch gesehen. Aber sonst – sonst ist es einfach der humoristische Blick, und der erfaßt dieses Nebeneinander von Größe und Schieflage. So sieht die Komödie auf die Welt.

sk / Daß Sie es verstanden haben, jede Medisance zu meiden, dürfte mit Ihrer Kritik an Thomas Bernhard zu tun haben. Bernhard ist ja der Virtuose der Schmähsucht.

dk / Schmähsucht ist das Gegenteil von Satire. Schmähsucht ist ein Schimpfen ohne Erkenntniswert, während Satire ein Blick auf die Welt ist, der vom Unterschied zwischen Ideal und Wirklichkeit lebt, der die Welt als gefallene wahrnimmt und darüber lacht. Satire befördert Erkenntnisse, Schmähsucht macht bloß ein Identifikationsangebot. Denn jeder identifiziert sich mit dem Schimpfenden, niemand stellt sich unter die Beschimpften. Es gibt keine Beschimpften, jedenfalls nicht unter den Lesern.

Diesen Effekt haben wir überall, wo mit starken Dichotomien gearbeitet wird, letztlich sogar bei Nietzsche, der ja noch nie von einem Sklavenmenschen gelesen wurde. Sobald die Unterscheidung von Herren- und Sklavenmenschen auftaucht, ist der Leser schon unter den von der Moral befreiten Herrenmenschen, unter den mächtigen Renaissance-Naturen. Niemand liest Nietzsche und sagt: Ja, das stimmt, auch ich gehöre unter die Sklavenmenschen, die die Moral entwickelt haben, um die Stärkeren zu knechten. Alle Literatur, die auf einer starken Distinktion aufbaut zwischen den wenigen Befreiten oder Starken oder Erkennenden oder Anständigen auf der einen und der großen Zahl der Gefallenen oder Dummen oder Schwachen oder Unsauberen auf der anderen Seite, alle diese Literatur findet schnell begeisterte Leser, weil immer schon vorausgesetzt ist, daß jeder, der das Buch aufschlägt, zur richtigen Seite gehört.

sk / Bei Bernhard kommt hinzu, daß man mehr als vierzig Seiten solch einer Haßtirade nur schwer ertragen kann. Es wird schnell zur Leier, und die Sache dreht sich im Kreis.

dk / Mir geht es jedenfalls so. Zumal es eher Geschimpfe als wirklicher Haß ist. Ich mochte Bernhard nie. Wo immer bei ihm die reale Welt ins Spiel kommt, stimmen die Details nicht. Entweder weil es ihm egal ist, weil er anderes zu tun hat, als hinzuschauen, oder weil er ganz bestimmten Leuten – ehemaligen Freunden oder Politikern oder literarischen Gegnern – weh tun will.

sk / Eben deshalb lernt man nichts aus solchen Büchern. Es fehlt an der wichtigsten Voraussetzung für die Erzählkunst, an der Begabung zur Gerechtigkeit. Und gerade das macht ja die Stärke der unerschöpflichen und undefinierbaren Gattung Roman aus.

Fiktion und Geschichte

sk / Sie bezeichnen »Die Vermessung der Welt« ausdrücklich nicht als historischen Roman, sondern als einen Gegenwartsroman, der in der Vergangenheit spielt. Was hat Sie zu dieser Unterscheidung veranlaßt?

dk / Der historische Roman ist ein Genre der Trivialliteratur. In jeder Großbuchhandlung gibt es ein Regal mit der Aufschrift »Historischer Roman«, und da stehen Bücher, die so tun, als könnten sie zeigen, wie das Vergangene gewesen ist. Ihr Reiz besteht in einer Art fernsehverwandtem Vergnügen, nämlich dabeizusein bei großen Augenblicken und zu sehen und zu empfinden, wie alles wirklich war. Und das behaupte ich in keinem Moment. Im Gegenteil, mein Buch spielt immer damit, daß man nicht weiß, wie es gewesen ist. Geschichtliches geht bei mir ständig in Fiktionales über. Natürlich kann man das Buch auch einen historischen Roman nennen, es hat ja einen geschichtlichen Stoff. Die Formulierung

»Gegenwartsroman, der in der Vergangenheit spielt« habe ich verwendet, weil ich meine, daß ein Buch, auch wenn es zufällig in der Vergangenheit spielt, ästhetisch und formal auf der Höhe unserer Zeit stehen muß.

sk / Glauben Sie, daß man einen historischen Roman auf Wahrheit und Irrtum, Wahrheit und Lüge befragen kann, einen Gegenwartsroman, der in der Vergangenheit spielt, aber nicht?

dk / Ja, richtig. Weil der »normale« historische Roman vorgibt zu wissen, wie es gewesen ist, kann man ihn fragen, ob das, was er beschreibt, wirklich so war. Während der anspruchsvolle Gegenwartsroman eben ein ästhetisches Werk ist und nichts anderes sein will. Die Frage nach der Wahrheit ist eine außerästhetische Frage.

sk / Aber etwas vom historischen Roman hat natürlich auch der »Gegenwartsroman, der in der Vergangenheit spielt«, dann nämlich, wenn er geschichtliche Charaktere gestaltet. Das Problem werden Sie also nicht los. So daß doch die Frage bleibt, wie es wirklich gewesen ist. Das können Sie nicht ignorieren.

dk / Das Problem hat mich während der Arbeit sehr beschäftigt. Denn die Dinge sind kompliziert. Ich könnte mich leicht auf die Heiner-

Müller-Position zurückziehen und sagen, das ist alles Material, und wie die Figuren wirklich waren, interessiert mich nicht. Aber so einfach ist es nicht. Man kennt das Problem von der Bühne, aber da ist man es gewöhnt. Nehmen wir Schillers »Wallenstein«, da ist klar, daß das kein historisches Werk ist, kein historischer Wallenstein. Aber man kann auch nicht behaupten, das sei eine rein fiktive Figur, die mit dem historischen Wallenstein nur den Namen gemeinsam hat. Ein literarischer Text, der sich historischen Figuren zuwendet, schafft eine eigene Version dieser Figuren, aber eine, die sich auf die wirklichen Figuren bezieht. Der Autor operiert mit einer Vorstellung von Wahrheit, die nicht deckungsgleich ist mit dem historisch und faktisch Richtigen. Das darf Geschichtsschreibung nicht, obwohl sie es in gewisser Weise ständig tut. Und das darf Journalismus nicht, obwohl auch er das ständig tut. Mit der Vorstellung von Wahrheit, die man als Autor von der Sache hat, gilt es, sich innerhalb des Spannungsfeldes zwischen real und fiktiv nicht zu weit von der historischen Figur zu entfernen und auch nicht zu nah an sie heranzutreten. In meinem Roman gibt es eine Stelle, bei der ich mich gefragt habe, wie weit ich gehen kann. Ich meine den Selbstmordversuch von Gauß. Der ist nicht überliefert. Nach einigem Überlegen dachte ich, ich kann das machen, weil es mit meiner Vorstellung von der Figur übereinstimmt, weil es in den

Roman paßt und in die Geschichte. Es paßt auch zu meiner Vorstellung vom historischen Gauß.

sk / Gauß' Gedanke an den Selbstmord hängt mit seinem melancholischen Wesen zusammen. Noch vor wenigen Jahrhunderten nahm man an, alle Mathematiker seien Melancholiker.

dk / Das ist auch nicht falsch.

sk / Interessant ist, daß bei der künstlerischen Wahrheit und bei der Wahrheit der Geschichtsschreibung zwei Verifikations- bzw. Falsifikationsweisen vorliegen. Bei der künstlerischen Literatur ist die Wahrheitsprüfung rein intern. Nehmen wir Holden Caulfield aus Salingers »Fänger im Roggen«. Den können Sie nicht von außen beglaubigen und auch nicht von außen bestreiten. Aber einen Humboldt, einen Gauß, einen Kant oder einen Goethe, wenn sie in einem historischen Roman auftreten, kann man von außen bestätigen bzw. nicht bestätigen. Wie steht es bei Gauß' Treffen mit Kant in Königsberg um das Verhältnis von Überlieferung und Erfindung?

dk / Die primäre Frage bei literarischer Fiktion ist die Plausibilität. Es kann sogar der seltsame Fall eintreten, und mir ist das immer wieder passiert, daß ich historische Tatsachen nicht verwenden konnte, weil sie zwar wahr, aber nicht plausibel waren. Humboldt schreibt zum Beispiel einmal in seinem Reisebericht, an diesem Ort entdeckten wir einen ebenso sanftmütigen wie häßlichen Affen, und er setzt in Klammern hinzu: Simia albifrons Humboldt; was korrekt ist, weil er, Humboldt, der Entdecker ist und somit den Affen nach sich benennen kann. Aber ist es nicht ein Zeichen für die atemberaubende Humorlosigkeit dieses Mannes, der nicht merkt, wie komisch sich das anhört: Ich entdeckte einen besonders häßlichen Affen, den Humboldt-Affen? Eine solche Geschichte ist aber nur gut, wenn sie wahr ist. Wäre sie erfunden, wäre sie nicht besonders witzig, und deshalb konnte ich sie nicht im Buch verwenden.

Was die Sache mit Kant angeht: Das ist ein gutes Beispiel, um zu illustrieren, wie ich gearbeitet habe. Gauß und Kant sind einander nie begegnet. Gauß hat sich viel mit Kant beschäftigt, vor allem hat er Kants Theorie des Raums als etwas Falsches und für die Durchsetzung der Wahrheit Hinderliches erlebt. Darum hat er seine Entdekkung der nichteuklidischen Geometrie nicht veröffentlicht, er fürchtete den Spott der Kantischen Schule und der an den Universitäten sehr mächtigen Kantianer. In einem Roman kann es ja zu Begegnungen kommen, die in Wirklichkeit nicht stattgefunden haben, und so, dachte ich, kann ich auch Gauß zu Kant schicken und diesen mit der Entdeckung des nichteuklidischen Raums konfrontieren. Es hätte hier sozusagen die Umberto-Eco-Lösung geben können: Die beiden treffen einander, und ich als Autor imaginiere dann einen dreißigseitigen Dialog zwischen den beiden über die Natur des Raums. Nur war Kant zu dem Zeitpunkt, wo das Treffen hätte stattfinden können, bereits schwer dement. Und da, dachte ich, wäre es menschlich und erzählerisch gesehen doch reizvoller, die beiden begegneten einander, aber statt eines großen Gesprächs, das Gauß sich erhofft, statt eines ihm adäquaten Geistes, findet er einen kranken, verfallenen Mann vor. Einige Sätze, die Kant bei mir sagt, sind verbürgt. Zum Beispiel dieses »ganz hat mich die Zivilität nicht verlassen« – das hat Kant, so berichtet sein Arzt, gesagt, als er in völlig dementem Zustand aus dem Bett aufstand. Seltsam übrigens – so viele Rezensenten haben über diese Szene geschrieben, nicht einem einzigen ist aufgefallen, daß der Satz ein Zitat ist. Und »Der Lampe soll Wurst kaufen. Wurst und Sterne« ist eine poetische Verkürzung der Tatsache, daß Kant in seinem »Opus postumum« einmal zwischen naturphilosophischen Notizen in eine Einkaufsliste abgleitet. So etwas kann man in einen Roman nur einbringen, indem man es auf einen einzigen Satz konzentriert. Und das habe ich versucht. Neulich hat jemand über meinen Roman geschrieben: Auch Kant kriegt sein Fett weg. Was für ein Blödsinn!

sk / Das ewig Heikle der Ironie! Hier kommt es schnell zu Fehldeutungen. Auch wenn Romanfiguren historisch verbürgt sind, sind sie doch Geschöpfe des Autors, und der hat gemeinhin nicht nur freundschaftliche, gewissermaßen väterliche Gefühle für sie. Wieder stellt sich die Frage: Wie sehen Sie die Rolle der Ironie? Und wie sehen Sie den Unterschied zum Humor?

dk / Das ist ein schwieriges Thema. Ich glaube, die Sympathie und die Menschlichkeit, auch die menschliche Wärme des Autors sollten sich eher im Buch als Ganzem, in seiner Atmosphäre und seinem Geist niederschlagen als in der Haltung zu einzelnen Figuren. Natürlich geht es nicht ohne Einfühlung. Es geht nicht ohne Identifikation und Mitleiden. Ich mag meinen Humboldt und meinen Gauß, doch am liebsten mag ich Bonpland. Ich finde nicht, daß Leute, die misanthropisch sind wie Gauß oder schrullig wie Humboldt, dadurch unsympathisch werden. Einige Male wurde gesagt, ich würde die Figuren unsympathisch machen – das war nie meine Absicht, und das ist auch nicht mein Gefühl gegenüber den Figuren. Für mich sind Gauß und Humboldt sympathische Figuren. Ich erzähle allerdings mit großer Distanz von ihnen, das gehört zum pseudo-historiographischen Ton. Selbst dort, wo Gauß sich zu seinem Sohn ganz schrecklich verhält, ist er mir nicht unsympathisch. Die wesentlichen Fragen, mit denen man an die Figuren herangehen sollte, sind nicht die nach Sympathie oder Antipathie, sondern eher die, ob die Figuren, also ihr Charakter und ihr Verhalten, menschlich nachvollziehbar sind. Über Humor und Ironie muß ich noch nachdenken. Das bleibt eine schwierige Frage.

sk / Ich will nicht darauf herumreiten. Ich komme nur darauf, weil Sie sich gern als ironischen Autor bezeichnen und ich meine, daß Sie eher ein humoristischer Autor sind. Und zwar zum Vorteil des Romans.

dk / Ich habe anfänglich über »Die Vermessung der Welt« wiederholt gesagt, es sei ein satirisches Buch. Aber inzwischen verwende ich lieber den Begriff komödiantisch.

sk / Es gibt ein Zitat, das gut paßt zur Frage nach den Grenzen der Ironie. Nietzsche sagt: »Die Gewöhnung an Ironie ebenso wie die an Sarkasmus verdirbt übrigens den Charakter, sie verleiht allmählich die Eigenschaft einer schadenfrohen Überlegenheit und ist zuletzt einem bissigen Hunde gleich, der noch das Lachen gelernt hat, außer dem Beißen.«
Wer Ihren Roman liest, stellt fest, daß die Pionierzeit der Weltvermessung durch ganz erstaunliche Menschen geprägt worden ist und daß die Quan-

tifizierung, man könnte auch sagen das Farbloswerden der Welt, durch Abenteuer, Wagnis, Experiment, Selbstexperiment und Wahnsinn zustande kam. Das hat etwas Paradoxes.

dk / Genau das fasziniert mich. Ich habe auch keine abschließende Position dazu. Die Seite an meinen Figuren, die ich niemals ironisiere, ist dieses Wissenwollen, dieser Drang zu verstehen. Bei Gauß drückt es sich auch in seiner Abstraktionsleidenschaft aus. Aber dann denkt der alte Gauß bei mir, während er das Land durchwandert, das er einst vermessen hat: Eine Landschaft, die einmal vermessen wurde, wird nie wieder das, was sie vorher war. Ein metaphysischer Gedanke, wenn man so will. Andererseits, dieser Wille zum methodischen Begreifen, dieses Quantifizieren der Welt, hat auch etwas Beeindruckendes, es hat die größte Erfolgsgeschichte eingeleitet, die es im Verstehen der Welt und im Meistern des menschlichen Lebens gibt. Deswegen auch die Episode beim Zahnarzt. Wer zum Zahnarzt muß, ist froh, daß es Quantifizierung, Technik und Fortschritt gibt. Man ist nur fortschrittsfeindlich, solange man gesund und schmerzfrei ist. Aber durch die Wissenschaft wird die Welt auch farbloser, es geht unendlich viel verloren.

sk / Halten Sie eine Rückkehr in die Farbigkeit für möglich?

dk / Da würde ich mich auf Kleist berufen. Der Geist kann nicht zurück, er muß durch eine Unendlichkeit gehen. Der Weg geht nur voran. Wenn man das Magische und das Rätsel und das Wunder überhaupt wiedergewinnen kann, dann nicht dadurch, daß man Erkenntnisse aufgibt.

sk / In der Kultur geht es nicht immer nur in eine Richtung, es gibt Pendelbewegungen. In der deutschen Geistesgeschichte zum Beispiel das Hin und Her zwischen Aufklärung und Romantik. Dabei muß man bei der romantischen Gegenwehr nicht unbedingt hinter die Errungenschaften der Wissenschaft zurückfallen. Aber die seelischen Verluste, die der moderne Weltlauf mit sich bringt, können durch Wissenschaft nicht ausgeglichen werden. Und so begehren das religiöse Bedürfnis, das poetische Bedürfnis, die magischen Praktiken immer wieder gegen die Quantifizierungstendenz auf. Das, was wir Psyche nennen, ist nicht vereinbar mit der Verzifferung der Welt.

dk / Mag sein, aber von mir dürfen Sie gerade keine eindeutige Position einfordern, für mich sind beide Positionen nachvollziehbar. Mein Buch ist die Summe dieser ambivalenten Empfindungen.

sk / Ist »Die Vermessung der Welt« auch eine Stellungnahme zur Weimarer Klassik?

dk / Natürlich. Es war verlockend, die beiden Strömungen, die mich am stärksten geprägt haben, den südamerikanischen Roman und die deutsche Klassik, erzählerisch miteinander zu konfrontieren. Das Buch betrachtet die Geschichte und die Weltanschauung der deutschen Klassik gewissermaßen mit den Augen südamerikanischer Erzähler, und dadurch entsteht ganz von selbst eine – pardon, ich wollte es nicht mehr sagen –, eine satirische, zumindest eine komödiantische Ansicht der Klassik, eine komödiantisch verehrungsvolle. Goethe tritt zweimal auf, einmal als Mensch aus Fleisch und Blut und einmal als Schemen in einer Theaterloge, und beide Male sind es komische Stellen, und zu Beginn wird ein langer und unverständlicher Satz von ihm zitiert, der natürlich von mir und reine Parodie ist. Aber an der Stelle, wo Humboldt das schönste Gedicht der deutschen Literatur auf spanisch vorträgt, die immer wieder gerne zitiert wird als Beweis, daß ich mich über Goethe lustig mache, geht es mir doch um die Absurdität des Unternehmens, Poesie ihrer poetischen Kleider zu berauben und sie auf den inhaltlichen Rest zu reduzieren. Da ist doch Humboldt die komische Figur und keineswegs Goethe oder gar das Gedicht!

sk / Was, meinen Sie, ist das Heutige an dem Buch? Haben die Figuren einen geheimen Gegenwartsindex? Verkörpern sie etwas, das ausgestorben, oder etwas, das im Kommen ist? Sind Humboldt und Gauß vielleicht Typen einer denkbaren heutigen Wissenschaft?

dk / Den Typus des sammelnden und die Sammlungen dann intuitiv erfassenden Wissenschaftlers, also Goethes Wissenschaftlerideal, gibt es nicht mehr. Humboldt war der letzte. Ja, er war im vorgerückten Alter schon eine anachronistische Figur, während Gauß einer der ersten wirklich modernen Wissenschaftler ist. Im Grunde vertritt der eine die Wissenschaft der Vergangenheit und der andere die Wissenschaft der Zukunft, eben die heute moderne Wissenschaft. Heute hätte ein Universitätsangestellter aber nicht mehr so viele Jahre Zeit wie Gauß, um sich auf Projekte zu konzentrieren. Der heutige Wissenschaftsbetrieb verlangt schnelle Publikationen, um immer wieder neue Fördermittel aquirieren zu können. Ich habe noch mit Erwin Chargaff sprechen dürfen, der als junger Assistent mit Alexander Fleming gearbeitet hat, dem Entdecker des Penicillins. Er sagte mir, das Penicillin sei die letzte Entdeckung der alten Wissenschaft gewesen, wo jemand durch langes Forschen, Zufall und etwas Glück und danach noch einmal langes Forschen eine bahnbrechende Entdeckung macht, und nicht mit einem eingereichten Projekt, mit interdisziplinär zusammengesetzten Teams und zweckgebundenen Fördergeldern zielgerichtet etwas verfolgt.

sk / Wenn Humboldt historisch auf verlorenem Posten steht, ist er gerade kein Klassiker. Ein Klassiker ist der Zeitgenosse aller Zeiten.

dk / Die Klassik ist in der Kunst ein Zeitgenosse aller Zeiten, aber gerade nicht in ihren wissenschaftlichen Ambitionen. Vielleicht war es das, was mich an Humboldt so fasziniert hat, daß in ihm die Klassik mal auf verlorenem Posten steht. Wenn er den Chimborazo besteigt oder durch den Urwald muß, bricht seine Klassiker-Haltung immer wieder in sich zusammen. Das ist erzählerisch reizvoll, nicht weil man sich plötzlich über einen Heroen erheben kann, sondern weil der Heroe dadurch menschlicher wird.

sk / Hat der Romanautor Daniel Kehlmann vom Schriftsteller Alexander von Humboldt lernen können?

dk / Humboldt macht einen furchtbaren Fehler als Schriftsteller. Er begräbt alles unter Unmengen von Daten, Zahlen, Fakten und Messungen. Aber es gibt immer wieder Passagen beschreibender Prosa, die einfach wundervoll sind. Gerade wenn er nicht Französisch, sondern Deutsch schreibt wie in den »Ansichten der Natur«. Die haben den goetheschen Ton und die goethesche Perfektion und die goethesche Klarheit des Blicks. Es gibt wenige Schriftsteller, die

Natur so sehen und beschreiben können. Und dann macht er einen Absatz, und es kommen seitenweise Meßergebnisse. In der Reclamausgabe der »Ansichten der Natur« wurden sie gestrichen. Auf diese Weise ist daraus mit einem Schlag einer der schönsten Texte über Natur in deutscher Sprache geworden. Ich hätte »Die Vermessung der Welt« nicht schreiben können ohne diese Stücke. Denn ich bin ja nicht an jedem Ort gewesen, an dem er war, ich habe nicht alles gesehen. Humboldt beschreibt die Orte so, daß man damit operieren kann. Insofern verdanke ich ihm viel. Aber ich habe seine Beschreibungen nie kopiert, das war mir ganz wichtig. Die Regel, an die ich mich gehalten habe, war: Auch das, was Humboldt gut und einprägsam beschrieben hat, mußt du anders beschreiben. Du kannst nichts übernehmen, ich wollte nicht mit Versatzstücken arbeiten. Aber Humboldt hat mich vieles sehen lassen, was ich ohne ihn nicht hätte sehen können.

Der Tod

sk / Apropos Natur. Wir müssen zu den Tieren zurück. Da ist ein wichtiger Punkt, den wir noch nicht besprochen haben. Sie kennen Rilkes Achte Duineser Elegie:

Mit allen Augen sieht die Kreatur / das Offene. Nur unsre Augen sind / wie umgekehrt und ganz um sie gestellt / als Fallen, rings um ihren freien Ausgang. / Was draußen ist / wir wissens aus des Tiers / Antlitz allein; denn schon das frühe Kind / wenden wir um und zwingens, daß es rückwärts / Gestaltung sehe, nicht das Offne, das / im Tiergesicht so tief ist. Frei von Tod. / Ihn sehen wir allein; das freie Tier / hat seinen Untergang stets hinter sich / und vor sich Gott, und wenn es geht, so gehts / in Ewigkeit, so wie die Brunnen gehen.

dk / Warum machen eigentlich alle so gern abfällige Bemerkungen über Rilke? Das ist so gut, das kann niemand sonst!

sk / Ja, das ist wunderbar. Und das gibt uns die Gelegenheit, noch mal einen Aspekt des Mit-sich-eins-Seins zu berühren. Rilke sagt, das Tier sei frei von Tod. Es ist zwar sterblich, aber es ist frei von Tod. Auch Gott ist frei von Tod.

dk / Es ist das, was uns am Tier am tiefsten beeindruckt. Aber hier stoßen wir an die Grenze unserer Möglichkeiten, uns in eine andere Existenz hineinzudenken. Natürlich ist es so, daß das Tier im kognitiv-philosophischen Sinn frei von Tod ist. Es kann nicht wissen, daß es sterblich ist. Aber seine ganze Existenz ist von Angst gepeinigt. Insofern lebt es auch nicht in einer vom Tode unberührten Sicherheit. Es muß eine Ahnung davon haben.

sk / Ich denke schon. Wenn es ans Sterben geht, verzieht sich die Hauskatze in den Wald.

dk / In Afrika habe ich gesehen, daß das Leben in der Savanne ein ständiges Sich-Belauern ist. Aber alle diese Geschöpfe, die einander unablässig fressen, sind todlose Wesen. Das ist etwas, was unser Vorstellungsvermögen sprengt.

sk / Einerseits ja, andererseits nein. Ein Kind kennt den Tod auch nicht. Darum ist es eins mit sich. Man könnte sagen: Der Tod, das Wissen um den Tod, ist die Grundirritation des menschlichen Seins, das, was den Bruch im Einssein verursacht.

dk / Von da an ist der Mensch nicht mehr zu Hause in der Welt.

sk / Können Sie Canetti verstehen, daß er den Tod für einen Skandal der Schöpfung hält?

dk / Sein Insistieren darauf, daß man den Tod nicht akzeptieren, sich nicht mit ihm abfinden darf, hat etwas Beeindruckendes. Eine Position von erhabener Lächerlichkeit, weil hier einer gegen etwas protestiert, wogegen zu protestieren schlechterdings nicht möglich ist. Um dann zu sagen: gerade deswegen muß dagegen protestiert werden. Das erinnert mich an Gorkis Schilderung seines Besuchs bei Tolstoi in Jasnaja Poljana. Tolstoi ist schon alt. Gorki erzählt, daß Tolstoi sich ständig in neue Ideen verrennt, manchmal für Tage, manchmal für Wochen, und daß ihn plötzlich die Vorstellung packt, er könnte unsterblich sein. Zwar seien bisher alle Menschen gestorben, aber es sei ja noch niemand Tolstoi gewesen.

sk / Es gibt noch einen, der so dachte: Karl Kraus. Er hielt seinen Geist für so exorbitant, daß es ihm unvorstellbar war, jemand könnte ihn zerstören. Helene Kann schrieb über ihn: »Er pflegte zu sagen, er wolle immer leben, er glaube nicht daran, daß er sterben müsse. Der Geist müsse die Macht haben, den Tod zu verhindern. Er sagte wirklich: ›Nur im Zustand des Irreseins kann ich dem Tod verfallen. Es ist nicht wahr, daß Goethe friedlich starb. Er schrie drei Tage und drei Nächte lang in Todesangst.‹« Im Grunde genommen hatte auch Canetti diese Obsession, diese metaphysische Idiosynkrasie gegen den Tod. Er hat sich aber nicht auf Kraus berufen, obwohl er ihn bestens kannte. Er hielt sich für den ersten und einzigen, der den Aufstand gegen den Tod wagte. Alle anderen hätten sich arrangiert. Auch mit Tolstoi ging er ins Gericht. In seinem Essay »Tolstoi, der letzte Ahne« klagt er: »Für mich ist es ein scharfer Schmerz zu erleben, daß ein Mann, der die Macht in jeder Form durchschaut und erbarmungslos ablehnt, Krieg, Gericht, Regierung, Geld, daß ein Mann von dieser unerhörten und unbestechlichen Klarheit mit dem Tod, den er lange gefürchtet hat, eine Art von Pakt schließt. Auf religiösen Umwegen nähert er sich dem Tod und betrügt sich so lange über ihn, bis er imstande ist, ihm zu schmeicheln. Es gelingt ihm auf diese Weise, den größten Teil seiner Todesangst zu verlieren. Mit dem Verstand akzeptiert er ihn, als wäre er etwas moralisch Gutes.«

dk / Es hilft aber nichts, letztlich muß man den Tod akzeptieren.

sk / Das wollte ich fragen. Sie haben gesagt, Sie verstehen Canetti, und nun frage ich, verstehen Sie auch die Position, die Canetti bekämpft?

dk / Wenn man den Tod nicht akzeptiert, stirbt man genauso, es ändert nichts. Wir wissen ja, wie die Sache für Tolstoi und Kraus ausging. Die Canetti-Position beeindruckt, weil sie so mutig in der Unvernunft ist. Die andere Position ist die vernünftige, denn der Tod ist keine Person und keine Macht, sondern ein Umstand, der aus den physikalischen Gegebenheiten der Welt kommt. Und mit einer Sache, gegen die nicht das Geringste zu machen ist, muß man sich arrangieren. Man wird nach Möglichkeiten suchen, die Gemütsruhe zu bewahren, aber im Grunde geht auch das nicht.

sk / Ist Ihnen in Ihrem Leben der Tod schon begegnet?

dk / Ja, als mein Vater starb. Er war schon einige Jahre demenzkrank, und ich mußte mitansehen, wie sein Geist und seine Persönlichkeit sich veränderten. Wobei gar nicht so sehr die Veränderung der Persönlichkeit das Irritierende war, er ist heiter und milde geworden. Das Erschütternde war der Verlust der Intelligenz und der Erinnerungen. Das hat mich in der buddhistischen Position bestärkt, daß Persönlichkeit nichts Absolutes ist, daß die Seele sich ständig im Fluß befindet. Und diese Grundidee des Buddhismus, daß unser Unglück und Leiden daher kommen, daß wir uns für absolute Gegebenheiten halten und nicht bereit sind zu sehen, daß wir – wie alles andere – aus dem Zusammenwirken äußerer Kräfte und Faktoren entstanden sind, die wieder auseinandertreten, war mir plötzlich sehr nachvollziehbar.

sk / Hat die Demenz soweit geführt, daß Ihrem Vater das Bewußtsein des Sterbenmüssens abhanden gekommen ist, daß sein Geist gleichsam den Grundschmerz der Sterblichkeit vergessen hat?

dk / Zeitweise war das vielleicht so. Manchmal hat er gemeint, wieder Kind zu sein.

sk / Uns kommt das alles schrecklich vor, aber für den, den es trifft, muß es nicht unbedingt ein Unglück sein.

dk / Absolut nicht. Zum Glück hatte er nicht Alzheimer. Bei Alzheimer, der am meisten verbreiteten Demenzkrankheit, ist es oft so, daß die Patienten ziemlich genau verstehen, was mit ihnen vorgeht, und so kommt es, daß ihre Angst vor Auflösung in Aggression umschlägt und sie bösartig, ja gemein werden, und zwar zu den Leuten, die sie pflegen. Das ist die Hölle. Etwas Schlimmeres ist nicht denkbar. Mein Vater hat nie verstanden, was mit ihm vorgeht, und infolgedessen kehrten eine große Freundlichkeit und Milde in sein Wesen ein. Aber das sind nicht die Umstände, unter denen man die freundliche Milde erreichen möchte. Die Milde sollte nicht durch die Zerstörung des Gehirns eintreten.

sk / Mein Stiefsohn hatte während seines Zivildienstes in der Altenpflege Alzheimer-Patienten zu betreuen. Eines Tages kam er nach Hause und sagte einigermaßen schockiert: »Frau Pawlik beißt.« Das ist bei uns zur stehenden Rede geworden. Ich weiß also, was Sie meinen.

dk / Es ist vor allem dann schockierend, wenn man bedenkt, wer Frau Pawlik womöglich gewesen ist. Vielleicht war Frau Pawlik Pianistin oder Ozeanologin. Vielleicht hat sie wunderbare Gedichte geschrieben.

sk / Diese Auflösung, diese grausame Destruktion hat Goethe zeitlebens empört. Er war ein Mann von großem Naturvertrauen, aber daß der Tod das Gehirn zerstört, war für ihn ein Skandal. Und der fing beim Tod einer Fliege an, denn das Gehirn einer Fliege, ihre ganze Organisation ist ja ein Wunderwerk.

dk / Goethe glaubte wie Tolstoi und Kraus, daß er rein persönlich Hoffnung auf Unsterblichkeit haben durfte. In der Natur sei alles Entelechie, sich entfaltende Form. Das ist ein von Leibniz herkommender Gedanke, eine Fortführung der Monadologie. Aber nur denjenigen, die sich im Leben seelisch entwickelt haben, werde die Natur eine weitere Entfaltung gewähren. Wie sagt er doch zu Eckermann: »Ich zweifle nicht an unserer Fortdauer, denn die Natur kann die Entelechie nicht entbehren. Aber wir sind nicht auf gleiche Weise unsterblich, und um sich künftig als große Entelechie zu manifestieren, muß man auch eine sein.«

sk / Kein schlechter Gedanke. Man hätte endlich einen Grund, sich anzustrengen im Leben. Unsterblichkeit für alle! – nicht mit Goethe, könnte man sagen. Ernst Jünger dachte in dem Punkt demokratischer. In »Siebzig verweht II« erklärt er: »Der Tod ist keine Endstation, eher ein Umsteigen; man läßt den Körper wie einen Koffer zurück, vielleicht sogar als lästiges Gepäck.« Das könnte doch jeder schaffen.

dk / Eine schöne Idee, nur läuft es wohl normalerweise so nicht ab. Das Einverständnis mit dem Tod ist schwer zu finden.

sk / Man kann doch hoffen, es zu erreichen. Es gibt in der Bibel das schöne Wort lebenssatt. Nach und nach wird man müde vom Leben, die

Kräfte schwinden. Man sieht es an den Tieren, an den Gesten alter Hunde. Altern, schreibt Cioran, ist Einwilligung in die Erschöpfung. In Marlen Haushofers großartigem Roman »Die Wand« sagt die Ich-Erzählerin: »Ich lebe immer noch gern, aber eines Tages werde ich genug gelebt haben und zufrieden sein, daß es zu Ende geht.« Warum sollte das nicht möglich sein?

dk / Ich traue mich nicht, das zu beurteilen. Daß es dem einen oder anderen Menschen gelungen ist, mit dem Tod ins Einverständnis zu kommen, ist nicht zu bezweifeln. Aber ob diese Art von zufriedenem, beruhigtem Abtreten eine realistische Möglichkeit ist oder doch eher eine trügerische Hoffnung, wer weiß das schon, bevor es soweit ist. Natürlich hofft jeder, sein Tod möge schmerzlos, das Altern friedlich und versöhnt sein. Meist ist es anders.

Schauspieler und Theater

sk / Im neuen, Ihnen gewidmeten Heft von »Text und Kritik« schreibt Ihr Landsmann Robert Menasse: »Ich stelle mir vor, daß Daniel Kehlmann eine furchtbare, zugleich eine faszinierende Kindheit und Jugend hatte.« Erteilen Sie sich ausnahmsweise die Erlaubnis zur autobiographischen Auskunft?

dk / Na ja, so furchtbar war es nun auch nicht. Ich vermute, daß Robert das Wort furchtbar verwendet, um das Wort faszinierend dialektisch auszugleichen. Er ist ja Dialektiker.
Es stimmt, die Atmosphäre war sehr offen und kunstreich. Dafür sorgten vor allem die Schauspieler. Sie beherrschen ja wie niemand sonst die Kunst, sich bei Gott und Menschen angenehm, also beliebt zu machen. Schauspieler sind angenehme Leute, und in ihrer Nähe zu sein ist belebend. Erst später bemerkt man einen Mangel an charakterlicher Substanz. Es hat mit dem Beruf zu tun.

sk / Es gibt von Aristoteles eine kurze Abhandlung über den Schauspieler, da spielen diese Dinge eine Rolle, diese ständige Selbstverwandlung, dieses ständige Rollenspiel, daß man nicht genau weiß, wer man eigentlich ist. Das zehrt an der Substanz.

dk / Auch daß man ständig Rollen hinterherlaufen muß, daß man nie weiß, wann das nächste Engagement kommt. Das ist nicht immer gut für den Charakter. Trotzdem ist der Umgang mit Schauspielern anregend und angenehm, und sie sind bei uns aus und ein gegangen. Es war schon ein bißchen so, wie Robert es vermutet.

sk / Bleiben wir noch beim Schauspieler. Ich hatte mal mit dem Verleger Michael Klett ein Gespräch über Schauspieler, ich weiß gar nicht mehr aus welchem Grund. Er war eine Zeitlang auf der Schauspielschule und wollte Schauspieler werden, hat es dann aber gelassen. Und er hat gesagt: Schauspieler ist ein unreiner Beruf! Da habe ich aufgehorcht. Man muß das Wort jetzt nicht auf die Goldwaage legen. Ich habe nur gleich gedacht, das könnte man vom Gärtner oder vom Lehrer nicht sagen.

dk / Vom Lehrer schon.

sk / Meinen Sie wirklich?

dk / Ja, weil er Autorität ausübt und es nie völlig klar ist, daß er es nur für die Sache tut und nur dann, wenn es notwendig ist. Lehrer ist sogar noch mehr ein unreiner Beruf als Schauspieler.

sk / Das ist interessant.

dk / Schauspieler ist auch deshalb ein unreiner Beruf, weil die meisten Schauspieler nicht die Rollen spielen, nach denen sie sich gesehnt haben. Für sie bleibt das, was sie wirklich machen dürfen, künstlerisch immer ein Kompromiß. Es gibt eben nur einen Hamlet im Stück, die anderen haben Nebenrollen; wobei die meisten es gar nicht zu diesen Nebenrollen schaffen, sondern in Serien im Vorabendfernsehen steckenbleiben. So oder ähnlich ist es in allen darstellenden Künsten, bei Regisseuren natürlich auch. Der Schriftsteller dagegen ist bei der Arbeit nur sich selbst verpflichtet, man könnte auch sagen ausgeliefert. Wenn er scheitert, scheitert er an sich, nicht an den Umständen. Er scheitert nicht, weil er ein bestimmtes Engagement nicht bekommt. Sein Manuskript kann ungedruckt bleiben, das ist natürlich schrecklich, aber er kann es trotzdem schreiben.

sk / Für mich war das wichtigste die Unterscheidung von reinen und unreinen Berufen. Das hatte ich noch nie gehört, und das sagte mir etwas. In meinem Elternhaus verkehrten auch Schauspieler. Mein Vater war Pfarrer, aber Anfang 33 flog er aus dem Amt und wurde Kabarettist. Der Zufall wollte es, daß er auf einer Zugfahrt nach Berlin Werner Finck gegenübersaß. Sie kamen ins Gespräch, und es war Liebe auf den ersten Blick. Finck hat meinen Vater mitgenommen in die »Katakombe«, das berühmte Berliner Kabarett.

dk / Und da ist er aufgetreten?

sk / Er wurde als Bühnenbildner eingestellt. Alles lief bestens. Er hatte Witz genug, so daß er befördert wurde zum Conferencier. Und das hat er ein Jahr gemacht. Dort hat er Ernst Busch kennengelernt. Sagt Ihnen der Name was?

dk / Natürlich, der Barrikaden-Tauber.

sk / Für uns Kinder war er Onkel Ernst. An Schauspielern hat mich am meisten fasziniert, daß sie alle nachahmen konnten. Das ist heute noch so, und deswegen stört mich das gegenwärtige Theater, weil das mimetische Vermögen des Schauspielers gar nicht mehr zum Zuge kommt. Es verkümmert geradezu, weil man die Figur nicht mehr ernstnimmt. Natürlich hoffe ich, daß sich das wieder ändert.

dk / Ich weiß nicht, ob sich am deutschen Theater noch etwas ändern kann. Das wäre ein großes Thema, das man nicht kurz abhandeln kann, weil es so ideologisch belastet ist, weil man das Gefühl hat, daß im deutschen Bürgertum fortschrittliche, also linke Gesinnung jetzt fast nur mehr in einer geistlosen Schrumpfform existiert, reduziert auf zwei Aspekte: Antiamerikanismus und Regietheater. Man ist politisch fortschrittlich, wenn man findet, daß Amerika immer Unrecht hat, man ist ästhetisch fortschrittlich, wenn man findet, daß Klassiker verfremdet aufgeführt werden müssen, und zwar unbedingt und immer. Kein Thema scheint mir in der deutschen Gesellschaft so tabubelastet zu sein wie die Frage: Kann nicht auch die werkgetreue Aufführung eines Klassikers ästhetisch gelungen, ja innovativ sein? Eine völlig harmlose Frage, die Aggressionen weckt, wie sonst nur Diskussionen über die israelische Außenpolitik.

sk / Die Alleinherrschaft des Innovationsprinzips ist ein Teil des Übels. Innovation wird so verstanden, als ginge es darum, um jeden Preis alles anders zu machen, jede Nähe zu plausiblen Maßstäben zu vermeiden, alles, was nach Norm oder Regel riecht, zu brechen, und so kann man am Ende machen, was man will. Mit anderen Worten: es herrscht Willkür. Das nennt sich Freiheit, Autonomie, Aktualität usw. Wenn noch aus dem Off eine Philosophie á la Duchamp suggeriert, man könne alles zum Kunstwerk erklären, hat man die Malaise. Nur fällt den Leuten gar nicht auf, wie sehr sich das alles ähnelt, wie sehr das alles aus purer Nachahmung kommt.

dk / »Nichts ändert sich weniger als die Inszenierungen der Avantgarde«, schrieb Anouilh vor über vierzig Jahren.

sk / Aus billiger Nachahmung der Idiotismen. Nicht aus Nachahmung der Dinge, die gut sind, das würde ja Können erfordern, zum Beispiel Handwerk und Liebe zur Schauspielkunst, sondern aus Nachahmung der Sachen, die faul sind.

dk / Man muß den Innovationsbegriff aber in Schutz nehmen, denn gelungene Kunst ist auf ihre Weise immer innovativ. Das Interessante an der Entwicklung des späten zwanzigsten Jahrhunderts ist, daß der Kitsch das Konzept der Innovation gekapert hat. Damit in der bildenden Kunst und auf deutschen Bühnen Kunst für den – sagen wir ruhig einmal – Spießer akzeptabel ist, muß er das Gefühl haben, es sei innovative Kunst, mutig, unkonventionell. Und woher weiß er das? Es muß so aussehen wie die innovative Kunst vor zwanzig, dreißig und fünfzig Jahren. Das ist neu. Im neunzehnten Jahrhundert verlangte der Spießer Kunst, die traditionell und althergebracht aussah. Heute verlangt er Kunst, die auf beruhigende Art, auf eine Art, die er schon oft gesehen hat, inno-

vativ wirkt. Was ja nichts anderes heißt, als daß sie Innovation simuliert.
Was die Diskussion über das gegenwärtige Regietheater so kompliziert macht, ist, daß auch Leute, die es kritisieren, die unangebrachte Terminologie übernehmen. Sie sagen: Ja, ich bin konservativ, ich will nicht, daß dies und das auf der Bühne gespielt wird. Ich will nicht, daß das Stück umgeschrieben wird. Das hat mit konservativ nichts zu tun. Man muß nur in die Musik schauen, wo besondere Werktreue, also die besonders genaue Rekonstruktion des Originalklangs, als modern gilt. Das könnte man nun als sehr konservativ bezeichnen. Es ist aber weder das eine noch das andere. Es sind einfach ästhetische Positionen.

sk / Es gab in Deutschland einen Mann, der mit allen Mitteln gegen das Regietheater gekämpft hat. Er war Schauspielregisseur und ist fast daran verzweifelt. Schließlich hat er das Genre gewechselt und ist zur Oper gegangen. Ich spreche von Adolf Dresen, der leider nicht mehr lebt. Er sagte, Originalität gehe über alles, alle wollten etwas Besonderes, es gehe nicht um die Sache, sondern um die Differenz, um die Mittel, nicht um den Zweck. Auffällig sei der schreckliche Konformismus all dieser Nonkonformisten, die Uniformität all dieser Originalgenies, dieses immer völlig Neue laufe immer nur auf die neue Mode hinaus. Das hat er vor dreißig Jahren gesagt. Aber er hat den Kampf aufgegeben.

dk / Der Kampf ist wahrscheinlich verloren. Mein Vater hat als Theaterregisseur auch versucht, ihn zu führen, deswegen beschäftigt mich die Sache, und ich bringe es nicht fertig, einfach wegzusehen. Auch andere haben ihn geführt. Samuel Beckett etwa, einer der größten Gegner verfremdender Aufführungen. Er hat ständig Inszenierungen seiner Stücke verbieten lassen, und es wäre doch schwer, ihn einen ästhetischen Reaktionär zu nennen. Oder Gert Westphal, der schließlich ein grandioser Vorleser wurde, weil er so sein eigenes Theater nur mit der Stimme machen konnte. Oder Lars von Trier, der größte avantgardistische Filmregisseur unserer Zeit, der sich in seiner »Abtrittserklärung«, einem Text über das Scheitern seines Versuchs, Wagners Ring zu inszenieren, deutlich vom Begriff der Aktualisierung distanziert. Unter den künstlerisch interessierten, neugierigen und intelligenten Menschen, die ich kenne, geht ja auch fast keiner mehr ins Theater. Es ist eine Nische geworden für Berufskritiker und für ein kleines Segment des bürgerlichen Publikums.

sk / Aber könnte der Verdruß nicht eines Tages dazu führen, daß sich die Sache ändert?

dk / Ich glaube nicht, weil es ja andere Medien gibt. Es gibt Kino und Fernsehen, wo man außergewöhnlich gute Dinge sehen kann, wenn man weiß, wo man suchen muß.
Ich war kürzlich im Burgtheater und sah mir Falk Richters Neuinszenierung des »Julius Cäsar« an, in der Übersetzung von Helmut Krausser. Auf Verssprache – obwohl Krausser sich viel Mühe gegeben hat, metrisch zu übersetzen – wurde verzichtet. Es wurde ganz prosaisch dahergeplaudert, und der Regisseur wurde gefragt, warum? Er blickte leicht indigniert und sagte, heute spreche niemand mehr in Versen. Nur, frage ich mich, warum dann »Julius Cäsar«? Dann soll er doch einen zeitgenössischen Autor inszenieren.

sk / Solche Argumente hat es auch in der DDR gegeben. Hartmut Lange, der jetzt keine Theaterstücke mehr schreibt, hat erzählt, wie ein Parteifunktionär auf die Verssprache in seinem »Marski«, einem von Brechts »Herr Puntila und sein Knecht Matti« inspirierten Stück über die Kollektivierung der Landwirtschaft, dessen Uraufführung dann verboten wurde, reagiert hat. Er sagte: Herr Lange, Ihr Bauer spricht in Versen, verstehe ich das richtig? Lange: Richtig. Darauf der Funktionär: Können Sie mir einen Bauern bei uns zeigen, der in Versen spricht? Lange: Nein. Der Funktionär: Sehen Sie!

dk / Wenn irgendwo ein Stück inszeniert wird, das älter als zwanzig Jahre ist, wird der Regisseur im Interview gefragt, ob es noch aktuell ist. Der überlegt einen Moment und sagt, es ist erstaunlich, wie aktuell dieses Stück noch ist. Das ist wie eine heilige Messe, ein Ritual, ein Frage- und Antwortspiel, das abgespult werden muß, damit die Medien zufrieden sind. Und ich warte schon lange, daß endlich mal einer sagt, und sei es nur zur Provokation, das ist gar nicht aktuell, aber gut.

sk / Es gibt von Walter Benjamin die Unterscheidung zwischen wesentlicher und subalterner Aktualität.

dk / Die Debatte über Aktualisierung ist längst geführt worden. Man denke an Karl Kraus' »Mein Vorurteil gegen Piscator« von 1927, eine polemische Analyse von Piscators »Räuber«-Inszenierung in Berlin. Piscator hat ja damit angefangen, alte Stücke in die Gegenwart zu transponieren, und ich bin sicher, das waren sehenswerte Inszenierungen. Kraus vertrat dagegen die Ansicht, wahre Aktualisierung liege in der genauen Rekonstruktion der Zeitumstände.

sk / Dazu paßt sein Diktum »Ursprung ist das Ziel«. Im Paradoxen steckt die Wahrheit, so ist es. Darin war Kraus ein Meister.

dk / Er spricht da von der Entfernung des Staubs. Entstauben sagt man ja auch heute gerne. Aber er meint damit, daß man die vergangene Zeit entfernt. Daß man nicht den Klassiker in die Gegenwart holt, sondern sich in die Zeit des Klassikers begibt. Eben wie man es in der Musik macht, bei der Rekonstruktion des Originalklangs. Und wie gesagt, man kann ja anderer Meinung sein. Man kann auch eine andere ästhetische Position haben, und natürlich wollen wir die Frauenrollen bei Shakespeare nicht von Männern gespielt sehen, nur weil das zu seiner Zeit so war. Aber man sollte das Entstauben, wie Kraus es versteht, nicht mit dem Entstauben gleichsetzen, wie es die heutige Mediensprache versteht.

Kindheit

sk / Haben Sie eigentlich Geschwister oder sind Sie geschwisterlos aufgewachsen?

dk / Geschwisterlos, leider.

sk / Das ist erstaunlich, da sich in Ihren Romanen zahlreiche Geschwisterfiguren finden. Die größte Bosheit in der »Vermessung der Welt« richtet sich gegen Wilhelm von Humboldt, ich spreche von der Eislaufszene. In »Mahlers Zeit« kommt die kleine Schwester durch eine Kehrmaschine ums Leben. Im »Fernsten Ort« begegnen wir neben Julian, dem Helden, häufig seinem hochbegabten, arroganten, sich stets langweilenden Bruder Paul. Sie gestalten also Geschwisterkonstellationen, ohne über entsprechende Erfahrungen zu verfügen.

dk / Mich haben Geschwister- und besonders Bruderkonstellationen immer interessiert. Ich habe dafür keine psychologische Erklärung, vielleicht ist es das Interesse desjenigen, für den Geschwisterbeziehungen immer ein Mysterium waren. Natürlich beschäftigt das ein Kind, es wünscht sich ja Geschwister, und es fürchtet sie wohl auch. Aber wer Geschwister hat, wünscht sich gewiß des öfteren, keine zu haben und der einzige zu sein.

sk / Ich würde sagen, es kommt darauf an, wie die Älteren sind. Ich bin ja das Gegenbeispiel zu Ihnen, wir waren sieben Kinder, alles Brüder, der Älteste war achtzehn Jahre älter als ich, der Jüngste. Da sehnt man sich weder nach Geschwistern, noch fürchtet man sie, sie sind eben da. Es geht einem wie dem Hund beim Geburtstag des Herrn. Je mehr Leute im Haus sind, desto besser die Laune. Diese Kindergeselligkeit ist etwas Schönes, und ob man Furcht hat, hängt davon ab, der oder die wievielte man ist. Da will ich den Goethe-Monographen Kurt R. Eissler erwähnen. Der Wiener Arzt und Psychoanalytiker, der nach New York emigrierte und das Freud-Archiv begründete, hat sich sein Leben lang mit der Psychologie des Genies befaßt. Sein berühmtes Werk »Goethe – eine psychoanalytische Studie«, ein großartiges Buch, behandelt den Punkt. Goethe, der Erstgeborene, hatte zwei Brüder und drei Schwestern, die bis auf Cornelia im Kindesalter starben. Er hat es miterlebt. Ich habe nie etwas Tieferes über die Ambivalenz von Geschwisterbeziehungen gelesen. Eissler sagt: »Goethe wußte mehr über sich selbst, als die meisten Sterblichen aus eigener Kraft je über sich wissen können.« Als ich das Buch las, war ich erleichtert, daß ich der Jüngste bin.

dk / Danach kommt niemand mehr.

sk / Ja, kein Konkurrent, kein Rivale. Aber wenn es nur Brüder sind, fehlt etwas. Ich will nicht sagen, daß ich mich nach einer Schwester sehnte, aber mein Vater sehnte sich nach einer Tochter, und vielleicht sind es nur deshalb so viele geworden. Goethe hat zu Eckermann gesagt: »Ein Vater, der sechs Söhne hat, ist verloren, er mag sich stellen, wie er will.«

dk / Das könnte stimmen. Man sollte vorsichtig sein.

sk / Noch interessanter an der ganzen Problematik ist die Frage der Welterfahrung und wie man zu ihr kommt. Das geschwisterlose Kind ist ja von vornherein – jedenfalls im Familienkreis – stark an die Weltsicht der Eltern gebunden. Das geschwisterreiche Kind lebt zwar auch in der elterlichen Monarchie, aber zugleich in einer kleinen Republik von Seinesgleichen.

dk / Beide Seiten zu kennen ist keinem gegeben. Sicher ist es so, daß man als Einzelkind behüteter ist. Das Zuhause mit den Eltern erlebt man als Ort völliger Sicherheit. Wahrscheinlich ist das für das Selbstbewußtsein gut. Aber für das Sozialverhalten ist es nicht ideal, denn der Kindergarten ist dann wie eine Zone der Anarchie, die einen begeistert und zugleich beängstigt. Ich könnte mir gut vorstellen, daß Einzelkinder Menschen mit großem Selbstbewußtsein sind, die aber in der Praxis, im sozialen Wechselspiel, weniger geschickt sind, die zumindest einige Dinge lernen müssen, die andere früh begriffen haben. Sie neigen, wenn sie Sorgen oder Nöte haben, wahrscheinlich eher dazu, das Heil bei den Eltern zu suchen. Andererseits kann es passieren, daß das Einzelkind mit allem, was ihm die Eltern beigebracht haben, eher bricht und genau die entgegengesetzten Dinge tut, während das geschwisterreiche Kind, das die Relativierung der elterlichen Autorität von klein auf gewöhnt ist, nicht zu so abrupter Ablösung tendiert. Und bei Einzelkindern ist wohl die Ekelschwelle niedriger. Man ist ja nicht so eng mit andern Kindern zusammen, die das Spielzeug bespucken, etwas in den Mund nehmen, im Dreck stochern, Wände beschmieren, sich mit Essen bewerfen.

sk / Wie lange sieht das Einzelkind die Welt mit den Augen der Eltern?

dk / Die meisten Menschen, ob Einzelkinder oder nicht, tun das doch, ohne es sich klarzumachen, ein Leben lang. Die wenigsten werden zu wirklich freien autonomen Persönlichkeiten. Ich glaube aber, daß besonders Einzelkinder sich ein Leben lang so verhalten, als suchten sie noch immer die Zustimmung ihrer Eltern. Aber für die Entwicklung der Persönlichkeit ist die Ablösung notwendig – und deswegen kann auch das Verhältnis von Eltern und Kindern nie konfliktfrei und nie frei von Verletzungen sein. Jeder, der Kinder hat, faßt immer von neuem den Vorsatz, daß diesmal alles problemlos verlaufen soll. Das wird es aber nie, weil der Weg des Kindes letztlich zum Bruch mit den Eltern führen muß. Er beginnt bei maximaler Abhängigkeit und minimaler Autonomie, und er zielt auf minimale Abhängigkeit und maximale Autonomie. Das geht für alle Beteiligten nicht ohne Schmerzen ab. Manche schaffen das Heraustreten aus der Weltsicht der Eltern schon mit dreizehn, vierzehn, andere können froh sein, wenn sie es mit fünfunddreißig zustandebringen, und wieder andere haben es mit siebzig noch nicht geschafft.

sk / Haben Sie die Welt mehr mit den Augen des Vaters oder mehr mit den Augen der Mutter gesehen?

dk / In sozialer Hinsicht war es prägend, daß mein Vater beruflich stets als Autorität auftrat, was ein Regisseur ja auch tun muß. Und er hatte nur geringe Hemmungen, schroff zu sein. Er war ein sehr guter Mensch, aber er war im Beruf das Befehlen gewöhnt, und es war ihm ziemlich egal, was andere Leute von ihm dachten. Eigentlich eine gute Eigenschaft, aber ich weiß noch, wie mich das als Kind oft erschreckt hat. Ein Kind will ja nicht auffallen, es ist der größte Opportunist. Weil es erst lernen muß, sich in die Gesellschaft einzufügen, will es unbedingt die Regeln erfüllen. Als Gegenreaktion auf diesen Schrecken neige ich bis heute zur Konfliktscheu, zur Überverbindlichkeit. Nicht beim Schreiben gottlob, da war das nie ein Problem.

sk / Wie hat Ihr Vater darauf reagiert, daß Sie die Schriftstellerlaufbahn eingeschlagen haben?

dk / Er hat mich immer ermutigt. Er hat sich begreiflicherweise Sorgen gemacht, ob das ökonomisch funktionieren kann, aber er war sicher, daß das, was ich mache, gut ist, und zwar in einem Maße, daß es mir schon zu weit ging. Ein Vertrauensvorschuß, von dem ich bis heute zehre. Ich hatte nie das Gefühl, daß ich meinem Vater etwas beweisen mußte, ich empfand es eher wie eine Vertrauensschuld, die ich zurückzuzahlen hatte. Den Erfolg der »Vermessung der Welt« hat er nicht mehr bei klarem Bewußtsein erlebt, leider, denn es hätte ihn gefreut zu sehen, wie sehr ich dadurch finanziell unabhängig wurde. Als

Freiberufler wußte er, wie schwierig die Lage sein kann.

sk / »Ich und Kaminski« hat er aber noch mit ungetrübtem Bewußtsein gelesen?

dk / Ja, das hat er.

sk / Und ich nehme an, daß es ihm gefallen hat. Er konnte ihn gut verstehen, diesen satirischen Zug?

dk / Gerade den. Das hat ihm sehr gefallen.

sk / Zurück zur Kindheit. Haben Sie ein Instrument gelernt?

dk / Ja, Klavier, aber es hat mich nicht interessiert und mir auch keinen Spaß gemacht. Ich hatte es bald raus, Tonleitern und Skalen und Akkorde rein mechanisch zu üben, und nebenbei ein Buch zu lesen. Ich war völlig unbegabt. Das Argument, das dann immer kommt: Schade, hätte ich mir doch mehr Mühe gegeben, vielleicht wäre ich doch noch gut geworden, stimmt ja nicht. Begabung äußert sich darin, daß man etwas Bestimmtes auch machen will. Und wenn man überhaupt kein Bedürfnis hat, Klavier zu spielen, dann ist man auch nicht dafür begabt.

sk / Wurde das von den Eltern entschieden, oder wurden Sie gefragt?

dk / Ich wurde gefragt, natürlich. Ich wollte es ja lernen – nur stellte sich bald heraus, daß ich überdurchschnittlich unbegabt war, wie übrigens auch im Bildnerischen. Ich kann weder zeichnen noch malen, nicht mal die simpelsten Dinge. Selbst Blinde malen besser als ich.

sk / Und wie steht es mit dem Musikhören?

dk / Das ist etwas anderes. Ich glaube, daß Nietzsche Recht hat, wenn er sagt, ohne Musik wäre die Welt ein Irrtum.

sk / Und reizt Sie Musik als Objekt der Reflexion? Man kann ja auch eine Art philosophische Liebe zur Musik haben?

dk / Wir waren ja schon bei Schopenhauer, und jetzt muß ich sagen: Das beste, was über Musik geschrieben wurde, stammt von ihm. Für meine Bedürfnisse ist das absolut ausreichend.

sk / Wann haben Sie aufgehört, Klavierunterricht zu nehmen?

dk / Mit siebzehn. Ich hatte acht oder neun Jahre Unterricht, ohne daß es zu etwas geführt hätte. Ein wenig peinlich, wenn man darüber nachdenkt.

sk / Aber Noten lesen können Sie?

dk / Das habe ich verlernt. Die Ausbeute ist wirklich katastrophal.

sk / Ich habe gelesen, daß Sie auf einer Jesuitenschule waren. In »Beerholms Vorstellung« geht der Held acht Jahre lang auf eine Schweizer Internatsschule. Man hat den Eindruck, in diesem Buch verwenden Sie mehr autobiographisches Material als in den folgenden.

dk / Das täuscht. Es ist natürlich manches Autobiographische hineingewoben, aber nicht dort, wo man es erwartet. Viele, die das Buch lasen, haben sofort angenommen, ich sei in einem Internat gewesen, weil Beerholm in einem war. Aber ich war keinen Tag in einem Internat. Ich war vom zehnten bis zum achtzehnten Lebensjahr auf einem von Jesuiten geleiteten Privatgymnasium in Wien, aber nach der Schule ging ich nach Hause.

sk / Gab es da eine Aufnahmeprüfung?

dk / Nein. Man brauchte nur gute Noten in der Volksschule. Da hat aber jeder gute Noten. Man muß schon das Schulhaus anzünden, um schlechte zu bekommen. Wenn man das Wort Jesuitenschule hört, denkt man sofort an Stendhal und Musil, man stellt sich dunkle Gänge vor und listige Priester. Aber ich habe kaum Jesuiten gesehen. Der Orden hatte das Zentrum seiner Aktivitäten längst nach Südamerika verlegt. Die Schule leitete ein staatlich approbierter Direktor, und den Unterricht erteilten normale Lehrer, nur Religion unterrichtete ein Jesuit. Ich bin nicht gerne zur Schule gegangen. Ich glaube grundsätzlich, daß Kinder zu viel Zeit in der Schule verbringen. Sie werden mit ungeheuren Mengen von sinnlosem und uninteressantem Zeug vollgestopft, und vergessen das meiste gleich wieder.

Das einzige jesuitische Element im Unterricht bestand darin, daß man sich nicht vom Religionsunterricht abmelden konnte. Der Rektor sagte: Wenn Sie schon auf einer Jesuitenschule sind, dann hören Sie sich wenigstens den Religionsunterricht an, mehr verlangen wir nicht. Da kann man schwer widersprechen. So hatte ich Religionsunterricht bei Pater Eckhardt, einem riesenhaften Mann, den die Heilsarmee immer zur Obdachlosenspeisung mitnahm, denn wenn es Auseinandersetzungen mit Betrunkenen gab, fühlte man sich sicher mit ihm. Er war eine Zeitlang Boxer gewesen, dann ein Schüler von Oswald von Nell-Breuning, dem Autor der Päpstlichen Sozialenzyklika. Ihn interessierten nur Fragen der Wirtschaft und der Verteilungsgerechtigkeit. Er hatte übrigens vor ein paar Jahren einen schrecklichen Motorradunfall und ist kürzlich an den Spätfolgen gestorben.

sk / Was waren Ihre Lieblingsfächer?

dk / Deutsch und Philosophie. Natürlich.

sk / Philosophieunterricht gab es auch?

dk / Ja, in der siebten und achten Klasse, verpflichtend. Damals hatte ich schon viel Schopenhauer gelesen. Er ist ja der typische Philosoph für die Siebzehnjährigen. Und ich wußte, daß ich das mal studieren wollte.

sk / Ihr Vater hatte nichts dagegen?

dk / Aber nein. Er wäre nie auf die Idee gekommen, mich zu einem Jurastudium oder so etwas Absurdem zu zwingen.

sk / Der Schopenhauersche Pessimismus hat nicht auf Sie abgefärbt, oder täusche ich mich?

dk / Doch, durchaus. Die Weltsicht meiner Bücher ist ziemlich pessimistisch. Überall Mißverständnisse und gescheiterte Bemühungen. Aber Schopenhauer lesen bedrückt ja nicht, im Gegenteil, es macht gute Laune. Es gibt einen Pessimismus des Temperaments und einen Pessimismus der Meinungen. Mein Temperament neigt zur Fröhlichkeit, meine Meinungen tendieren zum Pessimismus. Ein bißchen war es wohl auch bei Schopenhauer so.

sk / Seine Meinungen kann man notfalls wechseln, sein Temperament nicht.

dk / Gut, dann sagen wir lieber Pessimismus der Weltsicht. Die man auch wechseln kann, aber nur langsam und graduell.

sk / Das hängt nicht nur von einem selbst ab, da muß schon Größeres passieren.

dk / Ich stelle an mir jedenfalls eine ziemlich solide Grundheiterkeit fest, die sich auch nach härteren Schlägen verhältnismäßig schnell wieder einstellt.

sk / Der Pessimismus der Weltsicht kommt bei Ihnen ohne Anklage aus. Eine gewisse Kulturkritik scheint Ihnen geradezu auf die Nerven zu gehen. Vielleicht hängt es damit zusammen, daß Sie Erzähler sind. Das Erzählen verträgt kein Verreißen und Verwerfen der Welt.

dk / Wahrscheinlich nicht, denn wo wäre der Erzähler ohne Welt? Céline etwa ist äußerst dunkel und von einer vernichtenden Kraft der Anklage, aber man liest das nie ohne Fröhlichkeit. Ich fand die großen Ankläger immer beeindruckend. Ich werde es wohl nicht schaffen, zu ihnen zu gehören. Maupassant hat über Schopenhauer gesagt, er habe das Größte an Pessimismus vollbracht, er habe die Menschheit mit dem Kainsmal seiner Verachtung gezeichnet. Ein gewaltiger Satz. Mich faszinieren Leute, die die Menschlichkeit mit dem Kainsmal ihrer Verachtung zeichnen.

sk / Für mein Gefühl ist es gut, daß es bei Ihnen diese pessimistische Unterströmung gibt. Dadurch wird das Ganze keine Unterhaltungsmaschine.

dk / Naipaul hat gesagt, große Kunst sei eine verstörende Vision, dargeboten von einer Position der Stärke. Das ist richtig. Position der Stärke heißt, die Stimme, in der sich die verstörende Vision ausspricht, muß klingen, als sei sie unerschütterlich. Eben dadurch ist der Effekt um so erschütternder.

Studium

sk / Nach dem Abitur haben Sie Germanistik und Philosophie studiert. Wie waren die Erfahrungen mit dem Philosophiestudium in Wien?

dk / Eigentlich gut. Wien gilt nicht als besonders hervorragendes Philosophieinstitut, weil da keiner der akademischen Stars unterrichtet. Das hat natürlich auch historische Gründe. Das Institut war einst fest in der Hand der Nationalsozialisten, und nach dem Krieg blieben es die gleichen Leute. Niemand hat die Emigranten zurückgeholt. Auf Grund dieses sehr konservativen Establishments wurden die meisten Lehrstühle mit konservativen Rechtshegelianern und ihren Schülern besetzt. So kam es, daß vor allem Hegel, Fichte, Schelling und Kant unterrichtet wurden. Aber das hatte für mich durchaus Vorteile, so habe ich wirklich etwas über den Deutschen Idealismus gelernt. Das Institut war abgekoppelt von den internationalen Diskussionen und Entwicklungen, aber man bekam eine solide Ausbildung, die nicht mit den Moden ging. Wenig von den angelsächsischen analytischen Strömungen, wenig Sprachphilosophie und Wissenschaftstheorie, dafür gründliche Seminare über die philosophischen Klassiker und natürlich Heidegger und Hermeneutik. Für jemanden wie mich, dessen Herz ja nicht für die Philosophie an sich schlug, dessen Zugang immer literarisch war, war das sehr hilfreich.

sk / Worüber haben Sie Ihre Abschlußarbeit geschrieben?

dk / Über Schillers Theorie der Entfremdung.

sk / Das hat mich auch immer interessiert. Aber hat sich nicht die Fragestellung in gewisser Weise erledigt? Zum Thema Entfremdung gehört doch der Traum ihrer Aufhebung. Und der ist geplatzt.

dk / Es sieht ganz so aus, sowohl realgeschichtlich als auch bewußtseinsgeschichtlich.

sk / Mir hat ein Mann wie Helmuth Plessner die Augen geöffnet, ich meine sein Buch »Grenzen der Gemeinschaft«. Es ermöglicht einen ganz anderen Blick auf die Sachlage. Leider habe ich es erst nach dem Ende des Kommunismus gelesen, oder, besser, Gott sei Dank. Plessner ist ein großartiger Denker, kühl, sachlich, begriffsstark. Er

hat mir an einem entscheidenden Punkt den Boden unter den Füßen weggezogen. Mein Marxismus und mein Kommunismus waren geistig stark auf Schiller gestützt. Kommunismus war für mich mehr als nur die Lösung der sozialen Frage, er war das Versprechen von Gemeinschaft, eine Art geistiger Bruderschaft. Das große Wir und die Freiheit des einzelnen sollten zusammenkommen. Und Plessner zeigte mir, daß das nicht geht.
Und dann war da noch Schillers Idee der Persönlichkeit, der vollen menschlichen Individualität. Sie kennen die berühmte Stelle aus den Briefen zur ästhetischen Erziehung des Menschen, wo es heißt, heute herrschten Zustände, daß man von Individuum zu Individuum herumfragen müsse, um den Reichtum der Gattung zusammenzulesen. Und dann folgt die Kritik der Arbeitsteilung, der Vereinzelung und der Konkurrenz. Schiller wollte, daß das Wesen der Gattung in jedem Individuum erstrahle. Das war sein Ideal, das war das Ziel der ästhetischen Erziehung, und das hatte ich mit der Kulturidee des Kommunismus verbunden.

dk / Schillers Idee der ästhetischen Erziehung ist erst im Zeitalter der Werbung abgeschafft geworden, wo die Ästhetik radikal dem Verkauf untergeordnet wird. Es gab Zeiten, wo die Macher des Fernsehens sich durchaus als ästhetische Erzieher verstanden. Es wurden Beckett und Arthur Miller und Tennessee Williams, die damals in Mode waren, für ein breites Publikum gespielt, und die Einschaltquoten waren hoch. Das ist durch den Druck der Werbung über Bord gegangen. Jetzt regiert der kleinlaute Zynismus. Die Leute arbeiten unter ihrem Niveau und verteidigen das mit dem Satz: Wenn ich es nicht mache, macht es ein anderer.

Von der Arbeit des Schriftstellers

sk / Das Programm der ästhetischen Erziehung ist gescheitert. So bleibt nur die ästhetische Selbsterziehung. Muß sich ein Schriftsteller nicht ohnehin sein Leben lang darin üben? Er hat schließlich den Ehrgeiz, mit jeder Arbeit besser zu werden.

dk / Seltsamerweise kann man sich mit dem Gedanken, daß das mißlingen könnte, nicht abfinden. Man könnte sich ja sagen, daß man sein bestes Werk bereits geschrieben hat. Man könnte sich zurücklehnen und entspannen und andere Dinge tun. Aber das künstlerische Temperament ist nicht so beschaffen.

sk / Man kann auch innerhalb der Kunst etwas anderes tun.

dk / Das ist die Hoffnung, die man hat. Wenn man schon nichts Besseres machen kann, macht man eben etwas anderes. Etwas, das dem Vergleich ausweicht.

sk / Canetti hat geschrieben, es gebe zwei Typen von Schriftstellern, der eine, der immer dasselbe macht, das heißt Variationen desselben, und vielleicht zu einer Vertiefung gelangt, und der andere, der stets etwas Neues probiert und so sein Terrain ausweitet.

dk / Das ist auf den ersten Blick richtig, aber ich glaube inzwischen, daß die Angehörigen des zweiten Typus letztlich dem ersten zugehören. Natürlich muß man sich bemühen, seine Möglichkeiten auszuweiten. Aber wenn man auf das Werk großer Schriftsteller blickt, merkt man doch, wie sehr alles die Vertiefung einer einzigen künstlerischen Bemühung ist. Sicher hat man den Wunsch, und teilweise die Überzeugung, dem zweiten Typus anzugehören, das heißt, man bemüht sich nach Kräften darum. Aber am Ende bleibt der zweite Typ ein Wunschbild und eine Illusion.

sk / Wenn es so ist, wäre ohnehin nichts zu machen. Aber es gibt innerhalb des ersten Typus Leute, die glauben, den Dreh gefunden zu haben, die eine Art Routine entwickeln.

dk / Das muß man natürlich vermeiden.

sk / Man darf das Risiko, neues und anderes zu versuchen, nicht scheuen.

dk / Weder das künstlerische noch das existentielle Risiko. Und doch ist man versucht, das zu tun. Auch ist die Gefahr, daß man sich wiederholt oder einer Masche verfällt, schwerer zu erkennen, als man glaubt. Man muß wachsam sein.

sk / Der Gefahr der Wiederholung kann man durch Themenwechsel oder durch Genrewechsel entgehen. Eines Ihrer großen Themen ist die Genialität. Das Gebiet ist so reich, so unergründlich und so unverstanden, daß man sich ein Leben lang damit beschäftigen kann. Ich sehe nicht, daß Sie so schnell davon loskommen. Aber Sie könnten die Tonart wechseln. In der »Vermessung der Welt« haben Sie das Thema komödiantisch, in »Mahlers Zeit« prosaisch ernst behandelt. Bliebe noch das tragische Verfahren. Es gibt bei Hochbegabten nicht nur die Nähe zum Komischen, sondern auch zum Tragischen, Stichwort Wahnsinn. Wäre die Tragödie der Genialität auch eine Sache für Sie, ich meine als Roman? Oder würden Sie sagen, nein, das entspricht nicht meiner Begabung?

dk / Ich habe nicht die Absicht, nur noch komische Sachen zu schreiben. Aber an eine tragische Darstellung der Genialität habe ich noch nicht gedacht.

sk / Ich könnte es mir vorstellen. Nehmen wir einen Mann wie Gödel, Mathematiker, Philosoph und am Ende fast verhungert, weil er Angst hatte, vergiftet zu werden.

dk / Gödel hat mich immer interessiert. Ich denke schon lange daran, über ihn zu schreiben; seltsam, daß Sie ihn jetzt erwähnen. Sollte ich jemals doch ein Theaterstück versuchen, dann könnte es über ihn sein. Wobei auch das bei mir als Tragikomödie ausfiele, mit einem starken Zug in Richtung Spukgeschichte. Er hat an Gespenster geglaubt!

sk / Er litt unter Hypochondrie und unter Paranoia.

dk / Daß der größte Logiker seit Aristoteles Furcht vor Gespenstern hatte, ist ein faszinierendes Thema. Es hat etwas Komisches, aber auch etwas Unheimliches, weil sich für mich sofort die Frage stellt: Wenn Gödel glaubt, daß es Gespenster gibt, wer bin ich, daß ich sagen darf, Gödel ist verrückt, es gibt keine Gespenster. Es ist schon ein ziemlich starkes Indiz für die Existenz von Gespenstern, daß Gödel an sie geglaubt hat.

sk / Vielleicht ist für Sie die tragische Dimension gar nicht an die große Persönlichkeit und die außergewöhnliche Individualität gebunden. Vielleicht finden Sie sie ganz woanders.

dk/Die wirklich tragischen Geschichten haben bei mir eher mit dem Anderen der Genialität zu tun. Düster und traurig wird es bei mir immer dort, wo die Bereiche des normalen, grauen, uninspirierten Lebens berührt sind. Vielleicht eine Art Horror vor dem Mangel an Größe. Andreas Maier hat mir mal gesagt, wenn er mich künstlerisch auf eine Formel bringen müßte, dann wäre es die, ich sei besessen vom Phänomen der Größe. Ich bin nicht sicher, ob das stimmt, aber ganz falsch ist es wohl nicht.

sk/Aber das bedeutet, daß Sie eine Ader für das Andere haben. Den Kontinent der Dummheit kennen Sie gut, und Sie verstehen ihn effektvoll darzustellen. Aber es gibt auch ein Anderes von Genialität und Größe, das nichts mit Dummheit und Kleinheit zu tun hat.

dk/Ja, Tiere. Das Tier ist das Andere der Genialität.

sk/Achtung! Nuschki knurrt schon, Sie sollten vorsichtig sein. Er ist nicht nur das Andere von Größe und Genialität, er duldet sie auch nicht. Dafür verkörpert er ein Element echter Weltgerechtigkeit. Denn die größte Ungerechtigkeit ist, daß es nicht Größe und Begabtheit für alle gibt.

dk / Und es ist dieses Element, auf das sich der komödiantische Blick richtet. Vor der reinen Natur wirkt die Genialität immer komisch, weil die Natur Genialität nicht würdigen kann. Und weil ihre Kraft und Energie so groß ist, daß nicht die Natur vor der Genialität, sondern die Genialität vor der Natur albern dasteht. Das passiert besonders Humboldt bei mir immer wieder.

sk / Daß die Natur, daß Affen und Hunde den Einspruch gegen Größe und Genialität vorbringen, das macht Ihnen so schnell keiner nach. Es hat damit zu tun, daß sie nicht sprechen. Wenn sie ihren Einspruch in Worten vorbrächten, würden sie sofort unterliegen.

dk / Der Nichtsprechende ist auf dem Feld der Begriffe nicht angreifbar. Die Kritik der Tiere ist unabweisbar. Man kennt das aus Filmszenen. Genau das, was wir beide erleben würden, wenn wir Zuschauer hätten. Wir sagen mehr oder weniger schlaue Sachen, während dort drüben der Hund an der Tür kratzt, weil er in die Küche möchte. Selbst wenn wir in diesem Augenblick die wesentlichen Probleme des Weltalls lösten, kein Zuschauer würde noch auf uns achten. Wir sind in dem Moment, wo das Tier aktiv wird, schon abgemeldet.

sk / Apropos Kritik der Tiere, im genitivus subiectivus ist sie möglich, im genitivus obiectivus jedoch nicht. Tiere, Pflanzen und Steine lassen sich nicht kritisieren. Es gibt keine Kritik der Natur. Wir haben Kulturkritiker, aber keine Naturkritiker.

dk / Deswegen ist Hegels Naturphilosophie der schwächste Teil seines Denkens. Die Natur verhält sich nicht dialektisch. Die Dialektik ist eine Sache des Geistes, die Natur ist widerspruchsfrei. Was den Naturkritiker angeht, muß ich sagen, das ist eine Idee, die mich sofort zu einer Novelle inspirieren könnte. Daraus läßt sich was machen.

Ruhm

sk / »Die Vermessung der Welt« hat Sie berühmt gemacht. Der Roman wurde in vierzig Sprachen übersetzt und anderthalb Millionen Mal verkauft. Sie haben angesehene Literaturpreise erhalten, die Liste wird immer länger. Es ist ein Glück für Sie, daß dieser Erfolg kaum Neider fand. Offenbar wird einem Humoristen so schnell nichts mißgönnt.
Es gibt in der »Vermessung der Welt« eine Szene, in der es um den Ruhm geht. Humboldt und Bonpland fahren den Orinoko abwärts.

Nach einigen Stunden entdeckte Humboldt, daß sich Flöhe in die Haut seiner Zehen gegraben hatten. Sie mußten die Fahrt unterbrechen; Bonpland ordnete Pflanzen, Humboldt saß im Klappstuhl, die Füße in einer Essigwanne, und zeichnete Karten des Stromverlaufs. Punex penetrans, der gewöhnliche Sandfloh. Er werde ihn beschreiben, aber nicht einmal im Tagebuch werde er andeuten, daß er selbst befallen worden sei.

Daran sei doch nichts Schlimmes, sagte Bonpland. Er habe, sagte Humboldt, viel über die Regeln des Ruhmes nachgedacht. Einen Mann, von dem bekannt sei, daß unter seinen Zehennägeln Flöhe gelebt hätten, nehme keiner mehr ernst. Ganz gleich, was er sonst geleistet habe.

Das müssen Sie nicht befürchten. Dergleichen ist nicht bekannt von Ihnen. Und in unserm Gespräch haben wir auch nichts Verfängliches ausgeplaudert.
Wie sehen Sie das Phänomen des Ruhms? Sie haben inzwischen reichlich Erfahrung damit gesammelt.

dk / Der Schriftstellerruhm ist nur ein relativer, sehr beschränkter, nicht zu vergleichen mit der Popularität eines auch nur mittelmäßig bekannten Schauspielers. Trotzdem: Es ist schon ein Erlebnis, das einen überwältigen kann. Ruhm ist etwas, das sich die meisten Menschen von Kindheit an wünschen. Es gehört zu den frühesten Sehnsuchtsvorstellungen eines Menschen, daß alle ihn kennen sollen. Eine kindliche, auch kindische Sehnsucht also. Praeclarus heißt das schöne lateinische Wort: hochberühmt, vor allen ausgezeichnet sein. Und wer jammert, daß er nur darunter leidet, ist nicht ehrlich. Es hat eine rauschhafte, die Persönlichkeit erhöhende Kraft. Wer Bücher veröffentlicht, hat den Wunsch auszustrahlen. Da hat Thomas Bernhard ausnahmsweise recht. Und ausstrahlen heißt Leute erreichen, gelesen, wahrgenommen werden. Und wenn einem das gelingt, dann ist es auch die Erfüllung einer Sehnsucht. Wir sehen, daß bei erfolglosen Künstlern, selbst wenn sie Genies sind, letztlich eine Wunde zurückbleibt. Sogar bei Kafka. Noch in den letzten Wochen seines Lebens, als er schon nicht mehr sprechen konnte und nur noch auf Karten schrieb, äußerte er, daß er den Nobelpreis verdient hätte.

sk / Ausbleibende Anerkennung kann krank machen.

dk / Es stimmt nicht, daß Erfolg den Charakter verdirbt. Erfolg ist gut für den Charakter. Er ist schlecht für die Intelligenz. Mißerfolg macht klug und bitter. Erfolg macht freundlich und dumm. Man neigt dazu, die Dinge weniger scharf wahrzunehmen, weniger aufmerksam, durch einen Schleier liebenswürdiger Selbstzufriedenheit.

sk / Ruhm ist der köstlichste Bissen der Eigenliebe, sagt Schopenhauer.

dk / Im Ruhm lauern große Gefahren. Nicht nur, daß man eitel wird. Das normale Verhältnis zur Umwelt besteht darin, daß man sich ein bißchen ernster und wichtiger nimmt, als die anderen einen finden. Man fühlt sich normalerweise von den anderen immer unterschätzt. Wenn man berühmt wird, dreht sich das um, und die anderen nehmen einen ernster, als man sich selbst nimmt. Man hat nur die Möglichkeit, dem mit drastischer Selbstironie zu begegnen, sogar mit erniedrigend drastischer Selbstironie, weil man nun die Skepsis, die früher die anderen einem entgegengebracht haben, selber übernehmen muß.

sk / Das dürfte nicht ohne Risiko sein, Selbstironie wird nicht immer verstanden.

dk / Allerdings. Dann denken die Leute, man steht kurz vor dem Selbstmord, während man nur etwas Lustiges sagen wollte. Das habe ich schon erlebt. Der Ruhm hat, das ist seine andere Seite, etwas zutiefst Verunsicherndes, sowohl im Sozialen als auch im Künstlerischen. Im Sozialen, weil man sich plötzlich in einer Position befindet, die völlig anders ist als die, die man sein Leben lang eingeübt hat. Und im Künstlerischen, weil sich der leere Raum, in den hinein man schreibt, mit einem Mal bevölkert. Weil da nun so viele Leute sind, von denen man weiß, sie werden das lesen.

sk / Ruhm ist, neben Geld, die Ausbeute des Erfolgs. Jetzt weiß man, was dem sonst ja anonymen Publikum gefällt. Man ist schlagartig mit einer bestimmten Erwartungshaltung des Lesers konfrontiert.

dk / Und mit dem Problem, wie man sich dazu verhält. Es stellt sich die Frage: Mache ich das, was man an mir mag, oder mache ich lieber etwas anderes? Sie haben einmal zu mir gesagt, meine einzige Chance liege jetzt darin, etwas zu finden, das mich wirklich interessiert. Das hat mir sehr eingeleuchtet.

sk / Weil die Frage, was das Publikum will, was Erfolg bringt, vergessen werden muß. Es ist ja vielen Großen vor Ihnen auch schon so gegangen. Schiller schreibt am 23. November 1795 an Goethe: »Es war nie anders und wird nie anders werden. Seien Sie versichert, wenn Sie einen Roman, eine Komödie geschrieben haben, so müssen Sie ewig einen Roman, eine Komödie schreiben. Weiter wird von Ihnen nichts erwartet, nichts anerkannt – und hätte der berühmte Herr Newton mit einer Komödie debütiert, so würde man ihm nicht nur seine Optik, sondern seine Astronomie selbst lange verkümmert haben.«

dk / Dabei verbietet es sich, das, was Erfolg gebracht hat, einfach zu wiederholen. Nicht nur, weil es künstlerisch ungehörig wäre, sondern auch, weil sich der Erfolg nicht wiederholen würde.

sk / Obwohl die Wiederholung des Erfolgs vielleicht die einzige Form von Wiederholung wäre, gegen die Sie und auch Ihr Verleger Alexander

Fest nichts einzuwenden hätten. Wiederholungen werden nicht besonders geschätzt, ich weiß, aber manchmal geht es eben nicht anders. Vielleicht hilft hier sogar ein philosophisches Wort. Es ist von Kierkegaard, einem großen Freund und Fürsprecher der Wiederholung: »Hätte nicht Gott selber die Wiederholung gewollt, die Welt wäre nie entstanden.« Und dann hat er die Sache durch einen klugen Gedanken geadelt. Wiederholung und Erinnerung, sagt er, sind eine Bewegung gleicher Art, nur unterschiedlicher Richtung. Erinnern sei ein Wiederholen rückwärts, Wiederholen ein Erinnern vorwärts.
Wie heißt doch gleich Ihr neues Buch?

dk / »Ruhm«.

sk / Da haben wir es.

dk / Sollte man meinen. Aber natürlich sind die Dinge komplizierter. Es ist ja klar, daß solch ein Titel nicht unironisch gemeint sein kann. Das Buch ist ein Gattungsexperiment, ich nenne es einen »Roman in neun Geschichten«. Es handelt von Wirklichkeit und Fiktion und vom Vergessen und Verschwinden. Eigentlich ist das selbstverständlich: Wenn ein Buch »Ruhm« heißt, wovon sollte es handeln, wenn nicht vom Verschwinden?

»Fröhliche Wissenschaft«

Georges Bataille
Henker und Opfer

Jean Baudrillard
Warum ist nicht alles schon verschwunden

Maurice Blanchot
Die uneingestehbare Gemeinschaft

Wolfram Eilenberger
This is not America

László F. Földényi
Dostojewski liest in Sibirien Hegel …

Georges-Arthur Goldschmidt
Des Pudels Kern

Béla Hamvas
Die Melancholie der Spätwerke

Dem vorliegenden Text liegt ein Gespräch für die Zeitschrift SINN UND FORM (Heft 6/2006) zugrunde. Auf Vorschlag des Verlegers Andreas Rötzer wurde es im Februar 2008 in Berlin fortgesetzt. Kehlmanns Hund war immer dabei.

Erste Auflage 2008

MSB Matthes & Seitz Berlin Verlagsgesellschaft mbH
Göhrener Str. 7, 10437 Berlin,
info@matthes-seitz-berlin.de

www.matthes-seitz-berlin.de

Daniel Kehlmann und sein Hund Nuschki (†) wurden von Sebastian Kleinschmidt fotografiert.

Gestaltung und Satz: Tropen Studios, Leipzig
Druck und Bindung: Elbe Druckerei, Wittenberg
ISBN 978-3-88221-735-3